TOEIC® テスト
英文法1問10秒

土谷　望 著

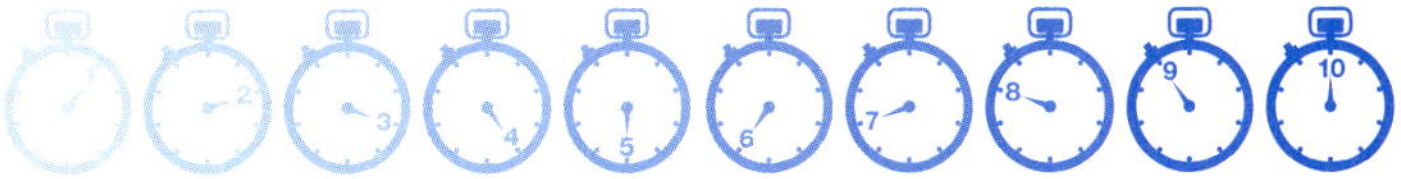

はじめに

　「TOEICテストのリーディングセクションが時間内に終わらない」ということに悩んでいる方は多いのではないでしょうか。

　「時間内に終わらない」ことはTOEICテストのスコアアップを妨げる大きな要因のひとつです。そこで、TOEICテストを時間内に終わらせるためには、Part 5の文法問題をいかに素早く解くかということがとても重要になります。なぜなら、Part 5を早く終わらせることができれば、Part 7の読解問題に、より多くの時間をかけることができるからです。パッセージの中に必ず答えがあるPart 7は、かける時間の長短がスコアに大きく影響するのです。

　よく、Part 5の解答時間の目安は「1問あたり20秒〜30秒」と言われますが、本書での目標は「1問10秒」です。「20秒〜30秒」と思っていると、素早く解ける問題にもつい時間をかけてしまいます。この目標をクリアするため、本書では文法問題を効率よく解くためのテクニックに焦点を当てています。

　また、本書の例題・練習問題を収録した付録CDもあります。このCDは、「耳からも文法問題を解く」というコンセプトで作成しました。文字を読むときの注意シフトとは順番が異なるかもしれませんが、ポイントを音声で聞き取り、答えを確認することができます。いろいろな学習法で、ぜひご活用ください。

　「1問10秒」を合言葉に、TOEICリーディングセクションの全問解答を実現し、スコアアップを目指しましょう。

土谷　望

もくじ

はじめに ——————————————————————— 3

本書の構成と特徴 ——————————————————— 5

『1問10秒』に取り組む前に
英文のしくみと構成要素 ————————————————— 8

「耳からも文法問題が解ける」
付録CDについて ——————————————————— 14

『1問10秒』の基本
TOEIC Part 5の頻出問題タイプ＆攻略法 ——————— 15
- 問題タイプ1　品詞
- 問題タイプ2　動詞の形
- 問題タイプ3　つなぎ語句
- 問題タイプ4　代名詞
- 問題タイプ5　注意すべき修飾語句
- 問題タイプ6　決まり文句
- 問題タイプ7　文脈・語彙

『1問10秒』に挑戦
練習問題　レベル 1　001.- 060. ——————————— 31

『1問10秒』を実践
練習問題　レベル 2　061.- 120. —————————— 153

『1問10秒』のために
英文法INDEX ——————————————————— 275

本書の構成と特徴

本書はTOEICテストのPart 5形式の問題を『1問10秒』で解くことを目標にした問題集です。すべての問題をSTEP 1～STEP 3の同じ手順で効率よく解答。英文構成のしくみもまとめています（p.8～p.13参照）。

TOEIC Part 5の頻出問題タイプ＆攻略法

Part 5の問題を出題ポイントごとに7つのタイプに分けました。タイプ別の出題ポイントとキーワードを効率的に見つけるステップをマスターします。

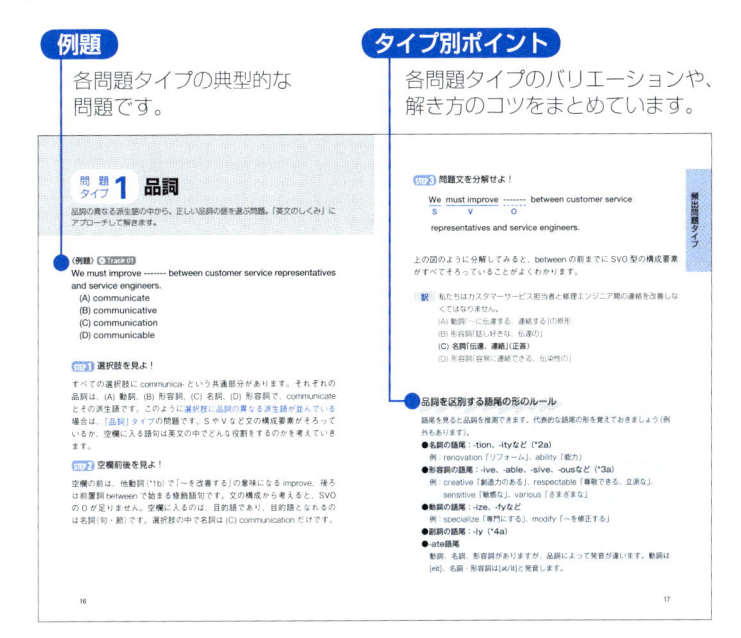

例題
各問題タイプの典型的な問題です。

タイプ別ポイント
各問題タイプのバリエーションや、解き方のコツをまとめています。

問題タイプ 1 品詞

品詞の異なる派生語の中から、正しい品詞の値を選ぶ問題。「英文のしくみ」にアプローチして解きます。

〈例題〉 Track 9

We must improve ------ between customer service representatives and service engineers.
(A) communicate
(B) communicative
(C) communication
(D) communicable

STEP 1 選択肢を見よ！
すべての選択肢に communica- という共通部分があります。それぞれの品詞は、(A) 動詞、(B) 形容詞、(C) 名詞、(D) 形容詞で、communicate とその派生語です。このように選択肢に品詞の異なる派生語が並んでいる場合は、「品詞」タイプの問題です。SやVなど文の構成要素がそろっているか、空欄に入る語句は英文の中でどんな役割をするのかを見ていきます。

STEP 2 空欄前後を見よ！
空欄の前は、他動詞（1b）で「～を改善する」の意味になる improve。後ろは前置詞 between で始まる修飾語句です。文の構成から考えると、SVOのOが足りません。空欄に入るのは、目的語となれるのは名詞（句・節）です。選択肢の中で名詞は (C) communication だけです。

STEP 3 問題文を分解せよ！

We must improve ------ between customer service
S　　V　　　　　　　 O
representatives and service engineers.

上の図のように分解してみると、between の前までにSVO型の構成要素がすべてそろっていることがよくわかります。

訳 私たちはカスタマーサービス担当者と修理エンジニア間の連絡を改善しなくてはなりません。
(A) 動詞「～に伝達する、連絡する」(3) の原形
(B) 形容詞「話し好きな、伝達の」
(C) **名詞「伝達、連絡」(正解)**
(D) 形容詞「伝染性の、伝達できる、伝染性の」

品詞を識別する語尾の形のルール

語尾を見ると品詞を推測できます。代表的な語尾の形を覚えておきましょう（例外もあります）。

- **名詞の語尾**：-tion, -ity など（*2a）
  例：renovation「リフォーム」、ability「能力」
- **形容詞の語尾**：-ive, -able, -sive, -ous など（*3a）
  例：creative「創造力のある」、respectable「尊敬できる、立派な」、sensitive「敏感な」、various「さまざまな」
- **動詞の語尾**：-ize, -fy など
  例：specialize「専門にする」、modify「～を修正する」
- **副詞の語尾**：-ly（*4a）
- **-ate語尾**
  動詞、名詞、形容詞があります。が、品詞によって発音が違います。動詞は [eit]、形容詞は [ət/it] に発音します。

● 全問題に共通！ 3つのSTEPで効率解答！

STEP 1 選択肢を見よ！
「問題タイプ」はどれか（＝出題ポイントは何か）を推測します。

STEP 2 空欄前後を見よ！
ヒントとなるキーワードを探したり、文の構成を把握したりして正答を導きます。

STEP 3 問題文を分解せよ！
問題文の構成を確認。実際のテストでは、STEP 2と同時に行います。

練習問題 レベル1・レベル2

1問1答スタイルで、全120問の練習問題です。7つのタイプの問題はランダムに出題されます。

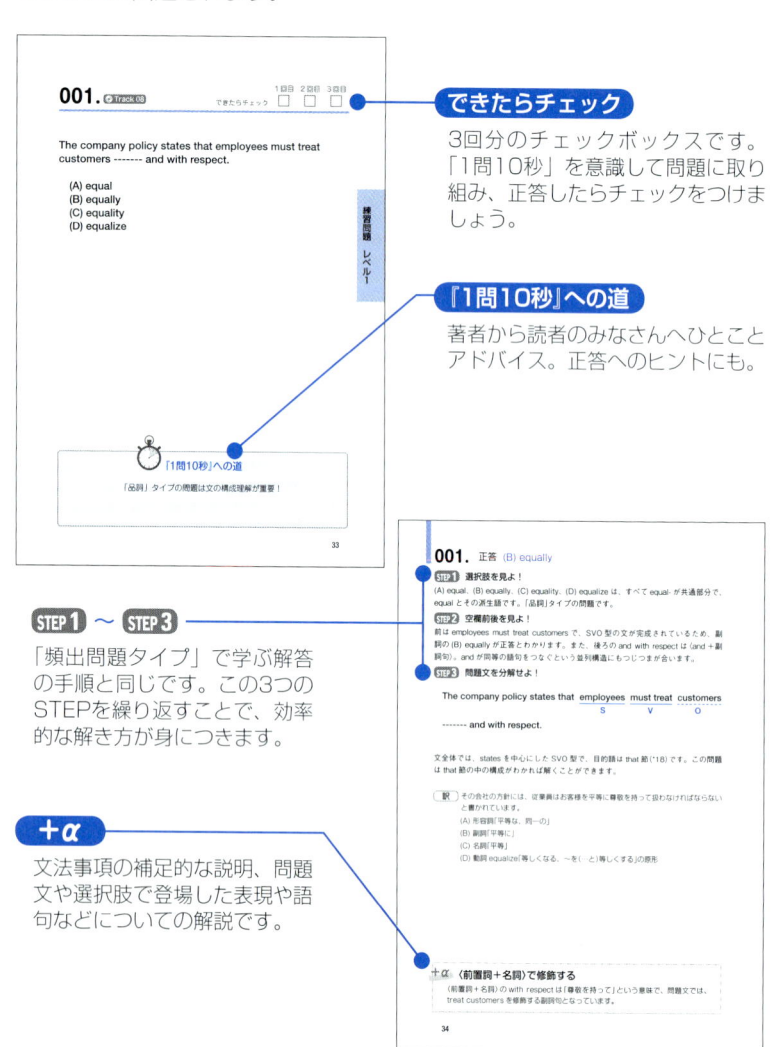

できたらチェック

3回分のチェックボックスです。「1問10秒」を意識して問題に取り組み、正答したらチェックをつけましょう。

『1問10秒』への道

著者から読者のみなさんへひとことアドバイス。正答へのヒントにも。

STEP 1 〜 STEP 3

「頻出問題タイプ」で学ぶ解答の手順と同じです。この3つのSTEPを繰り返すことで、効率的な解き方が身につきます。

+α

文法事項の補足的な説明、問題文や選択肢で登場した表現や語句などについての解説です。

英文法INDEX

　本書で使用している文法用語について、例文などを簡単に紹介しています。英文の構成要素としての働きごとに、「1. 動詞」「2. 名詞と名詞の働きをするもの」「3. 形容詞と形容詞の働きをするもの」「4. 副詞と副詞の働きをするもの」という項目でまとめています。

---

1. 動詞

動詞は文の**構成の中心**。述語動詞を構成する単語の1つで、どの文型になるかは動詞によって決まる。

1a. 時制
動詞の表す動作などの時間的な関係を表す動詞の形。

01. 現在形
現在繰り返し行っている習慣や現在の状態を表す。
＜動詞の形＞
1人称、2人称、3人称の複数が主語の場合は動詞の原形が現在形。3人称単数の場合は動詞の末尾に -s[es] をつける(3単現のs)。
- Alex watches TV every night.
  Alexは毎晩テレビを見ます。(習慣)
- Lindsey wants to become a teacher.
  Lindseyは先生になりたいと思っています。(状態)

02. 過去形
過去の動作や状態、過去の習慣などについて表す。
＜動詞の形＞
規則動詞は後ろに -ed をつける。不規則変化をする動詞もある。
- I went to the zoo yesterday.
  私は昨日、動物園に行きました。(動作)
- The shop was closed last week.
  その店は先週はお休みでした。(状態)
- Arian studied at the library everyday when she was young.
  Arianは若いころ、毎日図書館で勉強していました。(習慣)

03. 未来形
助動詞や現在進行形(*04)などを使い、未来についてのことを表す。
will：単純に未来のことを表すほか、話し手の意図を込めた表現。
- Rosa will be twenty-eight years old tomorrow.
  Rosaは明日で28歳になります。(単純未来)
- We will make it.
  私たちはそれを達成します。(決意)
be going to：前から決めている予定、現状から予測がつくことを表す。
- We are going to stay in London for one week.
  私たちはロンドンに1週間滞在をします。(予定)

- I think they are going to run out of money soon.
  彼らはすぐにお金を使い果たすでしょう。(主観的判断)

04. 現在進行形
現在行われていること。また、確定している未来の予定を表す。
＜動詞の形：is[am/are] + 動詞の -ing 形＞
- Jenny is talking on the phone right now.
  Jennyは電話で話しているところです。(進行中)
- We are leaving for Tokyo tomorrow.
  私たちは明日、東京に向けて出発します。(予定)

05. 過去進行形
過去のある時点において進行していた動作を表す。「過去のある時点」について述べる語句などが必要。
＜動詞の形：was[were] + 動詞の -ing 形＞
- I was cooking when you called me last night.
  あなたが昨夜電話をくれたとき、私は料理をしていました。

06. 未来進行形
おもに未来のある時点に進行中であるものを表す。
＜動詞の形：will be + 動詞の -ing 形＞
- I will be sitting on an airplane at this time tomorrow.
  明日の今頃、私は飛行機に乗っているでしょう。

07. 現在完了形
広い意味で現在完了形は現在の状態を表す。完了(動作が現在完了している)、結果(その動作の結果の現在の状況)、経験(現在までの経験)、継続(動作が現在も続いている)を表す。
＜動詞の形：have[has] + 過去分詞＞
- I have just finished the report.
  私はちょうどレポートを仕上げました。(完了)
- Dr. Kim has already arrived here.
  Kim博士はもうここに到着しています(だから現在、ここにいます)。(結果)
- I have played poker with Ms. Keynes before.
  私は以前、Keynesさんとポーカーをしたことがあります。(経験)
- Mr. Tomborello has lived in Seattle for more than ten years.
  Tomborelloさんはシアトルに10年以上住んでいます。(継続)

「頻出問題タイプ」や「練習問題」では、補足説明が必要だと思われる事項に(*00)という番号を入れています。これは、英文法INDEXの番号に対応しています。

『1問10秒』に取り組む前に

英文のしくみと構成要素

TOEICの文法問題には、「英文のしくみ」さえわかれば解ける問題があります。また、「英文のしくみ」の把握力アップが解答時間の短縮にもつながります。

BASE 1 　英文は、4つの基本構成要素の組み合わせによって、5つの基本文型をとる

<u>We</u>　<u>speak</u>　<u>English</u>　in the office.
　S　　　V　　　　O

　　私たちは事務所では英語で話します。

英文の構成要素の基本は、S(主語)、V(述語動詞)、O(目的語)、C(補語)の4つです。日本語では「私たちは」、「事務所では」、「英語を」のように、助詞で文の主語、動作の対象、単語同士の関係などを表現しますが、英語ではS、V、O、Cの組み合わせで表現します。そして、「組み合わせのバリエーションが5つある」というのが5文型のことです。
長く複雑な英文でも、ほとんどが5文型のどれかに当てはまります。

BASE 2 　S、V、O、C——それぞれの役割をするものは決まっている

S：Subject(主語)

日本語に訳された場合の「～が」「～は」にあたる部分です。
Sになるものは、名詞、代名詞です。そのほか名詞の役割をする不定詞(句)、動名詞(句)、接続詞・疑問詞・関係詞による名詞節(*2d)などです。

I am happy. 私は幸せです。	代名詞　I
The man works in Tokyo. その男性は東京で働いています。	冠詞＋名詞
Using your time efficiently is the key to success. 時間を有効に使うことが成功へのカギです。	動名詞句

V：Verb（述語動詞）

主語である人や物の状態や動きを表します。
基本的に動詞がそのまま V となりますが、場合によっては動詞以外の要素も含まれます。例えば助動詞(*1f)、群動詞(*1d)を構成する前置詞・副詞などです。

The woman lives in San Francisco. その女性はサンフランシスコに住んでいます。	動詞の現在形
They are lucky. 彼らは幸運です。	be 動詞の現在形
I cannot do without an electric dictionary. 私は電子辞書なしではいられません。	助動詞＋群動詞 (do without…)
We have been to Bangkok. 私たちはバンコクへ行ったことがあります。	現在完了形 have ＋過去分詞

O：Object（目的語）

動詞が表す動作の対象となるものです。
O になるものは、名詞、代名詞です。そのほか、名詞の役割をする不定詞(句)、動名詞(句)、接続詞・疑問詞・関係代名詞による名詞節(*2d)などです。

I like coffee. 私はコーヒーが好きです。	名詞
She likes working early in the mornings. 彼女は早朝に仕事をするのが好きです。	動名詞句
I think that this plan is excellent. 私はこの計画は秀逸だと思います。	that 節

C：Complement（補語）

主語や目的語の状態や性質・様子などについて説明します。
C になるものは、名詞、代名詞、名詞の役割をする句 (*2c)・節 (*2d) のほか、形容詞などです。O との違いに注意が必要です。

She is a detective. 彼女は探偵です。	冠詞＋名詞
He is smart. 彼は頭がよいです。	形容詞

M：Modifier（修飾語［句］）

英文の S、V、O、C の要素では表現しきれない補足情報を追加します。
8 ページの例文では、〈前置詞＋名詞〉in the office が場所についての補足説明をする修飾語句となっています。ほかに、副詞も修飾語です。
文の構成として不可欠な要素ではないので、M がない英文も文法的には成立します。
しかし、実際には、M がない骨組みだけの英文はほとんどありません。
TOEIC の問題を解く際は、M をそぎ落として英文の構造を見抜くことが解答時間短縮のコツとなります。
本書では、主語や目的語、補語の一部とみなした方がわかりやすくなる場合は、M もそれらの一部として説明しています。
あまり細かく文の単位に分けてしまうと、全体がばらばらになり、かえってわかりにくくなってしまうこともあるからです。
本書では、文の理解をポイントに、できるだけシンプルな説明を心がけています。

BASE 3 どの文型になるかは動詞によって決まる

SV 型

主語（S）と動詞（V）だけの最もシンプルな文型。目的語（O）も補語（C）もありません。この文型を構成するのは自動詞（*1b）です。時や場所などを表す修飾語句（M）を伴うことが多いです。

Ms. Wong lives in Taipei.
　　S　　　V　　　M
Wong さんはタイペイに住んでいます。

A friend of mine jogs in the park every day.
　　　S　　　　　V　　　M　　　　M
私の友人の１人はその公園で毎日ジョギングしています。

This machine isn't working well today.
　　S　　　　　V　　　　M　　M
この機械は今日はうまく動きません。

SVC 型

「主語（S）＝補語（C）」という意味になります。SVC 型の動詞というと be 動詞が代表的ですが、ほかにも次のような動詞が SVC 型を構成できます。stay ／ keep ／ remain「〜のままである」、become ／ get ／ turn ／ make「〜になる」、look ／ seem ／ appear「〜に見える」、sound ／ smell ／ taste「〜と感じる」など。

Lisa is a researcher.
　S　 V　　　C
Lisa は研究者です。

Lisa ＝ a researcher
（Lisa ＝研究者）

He is satisfied.
S　V　　C
彼は満足しています。

He ＝ satisfied
（彼＝満足している）

The plan looks good to me.
　　S　　　V　　　C
その計画は私にはよく見えます。

The plan ＝ good
（その計画＝よい）

SVO 型

動詞が表す動作の対象となる目的語（O）があります。この文型を構成する動詞は他動詞（*1b）です。

We can solve the problem together.
　S　　　V　　　　　O

　私たちは一緒にその問題を解決できます。

The defective part has caused many problems.
　　　　S　　　　　　　V　　　　　　O

　その不良部品は多くの問題を引き起こしました。

Some of us talked about the project at the meeting.
　　S　　　　　V　　　　　　O

　私たちのうちの数名は会議でそのプロジェクトについて話しました。

※ talk は自動詞ですが、talk about で群動詞（*1d）となり、目的語をとる他動詞として働きます。

SVOO 型

目的語（O）が2つある点に注意してください。この文型を構成する動詞には give、send、show、tell、sell、buy、find、make などがあります。多くの場合、＜S＋V＋人＋物＞という構成になりますが、これ以外になる場合もあります。

He gave me a ticket to the concert.
S　V　 O　　　　　O　　　　　　　　＜S＋V＋人＋物＞

　彼は私にそのコンサートのチケットをくれました。

This gentleman showed us the way to the station.
　　　S　　　　　　V　　　O　　　　O　　　＜S＋V＋人＋物＞

　この男性が私たちに駅までの道を教えてくれました。

We gave this plan a try.
S　V　　O　　　　O　　　　　　　　　＜S＋V＋物＋物＞

　私たちはこの計画を試してみました。

※「計画にトライを与える」、つまり「〜を試す」の意味になります。

SVOC 型

動詞の後ろに目的語(O)と補語(C)が続きます。「O ＝ C」という意味になります。この文型を構成する動詞には、make、turn、get、keep、leave、consider、think、believe などがあります。

意味的に分けると、「O を C にする(make、turn、get)」、「O を C に保つ／のままにしておく(keep、leave)」、「O を C と考える(consider、think、believe)」のようになります。

<u>The news</u> <u>made</u> <u>him</u> <u>angry</u> .
　　S　　　　V　　　O　　　C
　　　　　　　　　　　　　　　　　him ＝ angry
そのニュースは彼を怒らせた。　　（彼＝怒っていた）

<u>I</u> <u>find</u> <u>the plan</u> <u>feasible</u> .
S　V　　O　　　　C
　　　　　　　　　　　　　　　the plan ＝ feasible
私はその計画を実行可能だと判断します。（計画＝実行可能だ）

<u>We</u> <u>will keep</u> <u>you</u> <u>posted</u> on upcoming events.
S　　V　　　O　　C
　　　　　　　　　　　　　　　　you ＝ posted
私たちは今後のイベントについてあなたにお知らせします。
　　　　　　　　　　　　（あなた＝知らせを受ける）

「耳からも文法問題が解ける」

付録CDについて

付録のCDには、「TOEIC Part 5の頻出問題タイプ＆攻略法」の例題および、「練習問題」レベル 1、2の全127問を、それぞれ以下の順で収録しています。

① 問題文（空欄部分にbeep音を入れて収録しています）
② 選択肢
③ 正答を入れた問題文

●すべての例題・問題の音声が、表示してあるTrackに収録されています。

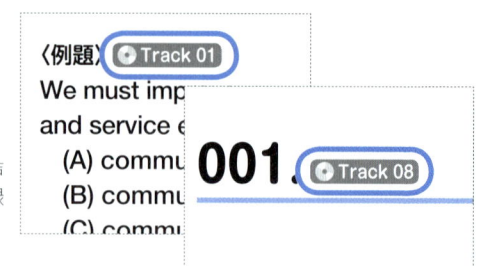

〈例題〉 Track 01
We must imp
and service e
(A) commu
(B) commu
(C) commu

001. Track 08

The company policy s
customers ------- and

「耳からも文法問題が解ける」 CDの活用例

(!) 問題を解く
問題文の空欄を生かして収録しているので、リスニング問題として取り組めます。（最初に挑戦するには、少し難しいかもしれません）

(!) 本の問題を解きながら聞く
普段あまり使わない語彙や表現の発音やリズムを確認できます。

(!) 本の問題の復習として聞く
リスニングでは、日本語訳を考えるスキがないので、英語のまま理解する訓練になります。英語のまま理解できれば、リーディングのスピードアップにつながります。

(!) 音読練習に役立てる
単語や表現に慣れることができます。CDの音声と同じスピードで練習することがポイントです。

『1問10秒』の基本

TOEIC Part 5の頻出問題タイプ＆攻略法

TOEIC Part 5の問題には、出題のポイントがあります。
その出題ポイントを大きく7つのタイプに分類しました。
それぞれの問題タイプの特徴と、
見分け方・解き方の基本をマスターしましょう。

問題タイプ1	品詞
問題タイプ2	動詞の形
問題タイプ3	つなぎ語句
問題タイプ4	代名詞
問題タイプ5	決まり文句
問題タイプ6	注意すべき修飾語句
問題タイプ7	文脈・語彙

問題タイプ 1 品詞

品詞の異なる派生語の中から、正しい品詞の語を選ぶ問題。「英文のしくみ」にアプローチして解きます。

〈例題〉 Track 01

We must improve ------- between customer service representatives and service engineers.

(A) communicate
(B) communicative
(C) communication
(D) communicable

STEP 1 選択肢を見よ！

すべての選択肢に communica- という共通部分があります。それぞれの品詞は、(A) 動詞、(B) 形容詞、(C) 名詞、(D) 形容詞で、communicate とその派生語です。このように選択肢に品詞の異なる派生語が並んでいる場合は、「品詞」タイプの問題です。S や V など文の構成要素がそろっているか、空欄に入る語句は英文の中でどんな役割をするのかを考えていきます。

STEP 2 空欄前後を見よ！

空欄の前は、他動詞 (*1b) で「～を改善する」の意味になる improve、後ろは前置詞 between で始まる修飾語句です。文の構成から考えると、SVO の O が足りません。空欄に入るのは、目的語であり、目的語となるのは名詞（句・節）です。選択肢の中で名詞は (C) communication だけです。

STEP3 問題文を分解せよ！

We must improve ------- between customer service
 S   V   O

representatives and service engineers.

上の図のように分解してみると、between の前までに SVO 型の構成要素がすべてそろっていることがよくわかります。

訳 私たちはカスタマーサービス担当者と修理エンジニア間の連絡を改善しなくてはなりません。
(A) 動詞「〜に伝達する、連絡する」の原形
(B) 形容詞「話し好きな、伝達の」
(C) 名詞「伝達、連絡」(正答)
(D) 形容詞「容易に連絡できる、伝染性の」

品詞を区別する語尾の形のルール

語尾を見ると品詞を推測できます。代表的な語尾の形を覚えておきましょう（例外もあります）。

● **名詞の語尾：-tion、-ity など（*2a）**
 例：renovation「リフォーム」、ability「能力」
● **形容詞の語尾：-ive、-able、-sive、-ous など（*3a）**
 例：creative「創造力のある」、respectable「尊敬できる、立派な」、sensitive「敏感な」、various「さまざまな」
● **動詞の語尾：-ize、-fy など**
 例：specialize「専門にする」、modify「〜を修正する」
● **副詞の語尾：-ly（*4a）**
● **-ate 語尾**
 動詞、名詞、形容詞がありますが、品詞によって発音が違います。動詞は [eit]、名詞・形容詞は [ət/it] と発音します。

問題
タイプ **2** **動詞の形**

異なる変化形の動詞の中から、正しい動詞の形の語句を選ぶ問題。時制・態・主述の一致といった「動詞の働き方」を効率的にチェックして解きます。

〈例題〉 ● Track 02

I'm sorry, Ms. Cooper is ------- on the other line at the moment.
 (A) talk
 (B) talks
 (C) talked
 (D) talking

STEP1 選択肢を見よ！

動詞 talk「話す」のいろいろな形が並んでいます。それぞれの動詞の形は、(A) 動詞の原形、(B) 3人称単数現在形、(C) 過去形・過去分詞、(D) -ing 形です。このように、選択肢に 1 つの動詞のいろいろな形が並んでいる場合は、「動詞の形」タイプの問題です。

STEP2 空欄前後を見よ！

空欄の前は be 動詞の is、後ろは on the other line です。(A) は動詞の原形、(B) は 3 人称単数の現在形なので、be 動詞につなげられません。(C) と (D) は両方とも be 動詞につなげることができます。しかし、talk は自動詞(*1b)なので、受動態(*1e)にはなりません。よって (C) は空欄には入りません。(D) talking を入れて、現在進行形(*04)にするのが正答です。

STEP3 問題文を分解せよ！

I'm sorry, <u>Ms. Cooper</u> <u>is</u> ------- on the other line at the moment.
　　　　　　 S 　　　　　　V

文全体の構成としては、I'm sorry がメインですが、この問題ではコンマの後ろの節の構成がポイントです。

訳 申し訳ありませんが、ただ今 Cooper はほかの電話で話しております。

(A) 動詞 talk「話す」の原形
(B) 動詞 talk の 3 人称単数現在形
(C) 動詞 talk の過去形・過去分詞
(D) 動詞 talk の -ing 形（正答）

「動詞の形」タイプの問題のバリエーション

例題でポイントとなったのは、「be動詞との組み合わせ」と「自動詞か他動詞か」という2点でした。このタイプの問題には、ほかにも多くのポイントがあり、問題のバリエーションも豊富です。

●正しい時制の動詞はどれか
問題文中には、「時間の手がかりとなる語句」が必ずあります。時制（*1a）を使った表現を覚え、手がかりを素早く見つけましょう。

●受動態か進行形か／過去分詞か現在分詞か
主語が動作〔動詞〕の対象となるのか、動作〔動詞〕の主体になるのかを考えます。修飾語としての役割をする分詞（*3c）の考え方も同じです。

●自動詞か他動詞か（*1b）
能動態の場合は、空欄の後ろに目的語となるものがあるかないかがポイントです。

●主語の人称や数に合っている動詞はどれか
主語となる名詞を見つけ、その特徴（可算・不可算名詞（*2b）など）から正しい選択肢を選びます。

問題タイプ3 つなぎ語句

前置詞、接続詞、関係詞などが並ぶ選択肢から、正しい語句を選ぶ問題。語句や節の「つなぎ方のルール」をマスターし、機械的に解きましょう。

〈例題〉 Track 03

We ran out of paper ------- we were making copies of the handouts.
(A) while
(B) during
(C) despite
(D) consequently

STEP1 選択肢を見よ！

品詞を比べると、(A) 接続詞、(B) 前置詞、(C) 前置詞、(D) 副詞です。このように、選択肢に文や語句をつなぐ役割の語句が並んでいる場合、本書では「つなぎ語句」タイプの問題として分類します。英語では、副詞は文と文をつなぐことはできませんが、日本語では「つなぎ語句」的に訳される例が多いこともあり、このタイプの問題の選択肢には、副詞が混ざっていることもあります。

STEP2 空欄前後を見よ！

空欄の前は We ran out of paper で、構成要素のそろった完全な文となっています。後ろも we were making copies 〜と、完全な文です。空欄の前も後ろも完全な文だということは、どちらかの文に足りないものを補うのではなく、文と文をつなぐ語が入るということです。文と文をつなぐことができるのは接続詞だけなので、(A) while (*29) が正答です。

STEP 3 問題文を分解せよ！

We | ran out of | paper ------- we | were making
S | V | O   S | V

copies of the handouts.
         O

※ run out of 〜「〜を使い果たす」

分解してみると、空欄前後にそれぞれ SVO がそろった文があることがよくわかります。SVO を素早く見つけましょう。

訳 配布物をコピーしている間に、紙がなくなってしまいました。

(A) 接続詞「〜する〔している〕間に」（正答）
(B) 前置詞「〜の間」
(C) 前置詞「〜にもかかわらず」
(D) 副詞「その結果として」

「つなぎ語句」の種類

●**前置詞**
  because of、in case of、despite など
●**接続詞**
  and、but、or、because、if、whether、that など
●**関係代名詞**
  which、who、whose、whom、what、that
●**関係副詞**
  when、where、why、how
●**疑問詞**
  which、who、what、whose、whom、when、where、why、how
※**副詞**
  however、otherwise、therefore、nevertheless などは日本語にすると「つなぎ語句」のような意味になりますが、副詞なので文や語句をつなぐことはできません。

下線_____と下線_____を見ると、役割は違うのに同じ単語があるのに気づきます。「つなぎ語句」タイプの問題では、役割によって異なるつなぎ方のルールが問われるのです。この手の問題に苦手意識を持っている人は多いと思いますが、ルールをマスターすれば、機械的に解答できる問題が多くあります。

問題タイプ 4 代名詞

指すものや役割が異なる代名詞の中から、正しい代名詞を選ぶ問題。「英文のしくみ」にアプローチして解きます。

〈例題〉 Track 04

Some of the board members told ------- about the proposed merger.
(A) he
(B) him
(C) his
(D) himself

STEP 1 選択肢を見よ！

代名詞 he の異なる変化形〔格〕が並んでいます。このように、選択肢にいろいろな形の代名詞が並んでいる場合は、「代名詞」タイプの問題です。

STEP 2 空欄前後を見よ！

空欄の前は動詞 told（tell の過去形）で、後ろは前置詞 about です。tell は他動詞（*1b）なので目的語が必要ですが、問題文には目的語がないので空欄には tell の目的語の役割をする代名詞が入ります。代名詞の変化形で目的語の役割をするのは、目的格。選択肢の中で目的格は (B) him です。なお、再帰代名詞の himself も目的語として入れることができます。しかし、「再帰代名詞＝主語」でなければいけません。問題文の主語 some of the board members は複数形なので、himself で受けることはできません。

STEP3 問題文を分解せよ！

<u>Some of the board members</u>　<u>told</u>　-------　about
　　　　　S　　　　　　　　　　　V　　　　O

the proposed merger.　　　　※ tell 人 about ~「人に~について話す」

主語と述語動詞を見つければ、空欄に目的語となるものが必要なことがすぐにわかります。

訳 役員のうちの数名が彼に合併の計画について話しました。
(A) 代名詞の主格「彼は」
(B) 代名詞の目的格「彼を、彼に」(正答)
(C) 代名詞の所有格「彼の」・所有代名詞「彼のもの」
(D) 代名詞の再帰代名詞「彼自身」

代名詞のポイント

基本的な文法事項なので早く正確に解くことが大切です。選択肢が同じ人称代名詞であれば「格」がポイントですが、「代名詞が何〔誰〕を指しているのか」ということは常に意識してください。

人称代名詞の変化形

	主格 ~は	所有格 ~の	目的格 ~を／~に	所有代名詞 ~のもの	再帰代名詞 ~自身
私	I	my	me	mine	myself
あなた	you	your	you	yours	yourself
彼	he	his	him	his	himself
彼女	she	her	her	hers	herself
それ	it	its	it	—	itself
私たち	we	our	us	ours	ourselves
あなたたち	you	your	you	yours	yourselves
彼(女)ら・それら	they	their	them	theirs	themselves

頻出問題タイプ

23

問題タイプ5 注意すべき修飾語句

意味や働き方が似ている修飾語句の中から、正しい語句を選ぶ問題。「修飾されるもの」の特徴と関連させて解きます。

〈例題〉 Track 05

The lawyer gave us ------- information on the case.
- (A) many
- (B) little
- (C) few
- (D) a few

STEP 1 選択肢を見よ！

選択肢には、数量に関する語句が並んでいます。数や量が多いことを意味する語句、少ないことを意味する語句の両方があるため、これらの語句の意味だけでなく、修飾される語句の特徴もポイントとなります。本書では、このような問題を「注意すべき修飾語句」タイプと分類します。

STEP 2 空欄前後を見よ！

空欄の前は The lawyer gave us、後ろは名詞 information です。information を修飾する形容詞として正しいものを選びます。information は不可算名詞(*2b)なので、many や few、a few で修飾することはできません。選択肢の中で information を修飾できるのは (B) little だけです。

STEP3 問題文を分解せよ！

The lawyer gave us ------- information on the case.
   S   V   O   O

動詞 give による SVOO 型の文型です。空欄のある句が目的語となる名詞句だとわかれば、空欄は information を修飾する語句だとわかります。

訳 弁護士は私たちに、その案件についての情報をほとんどくれませんでした。

(A) 形容詞 many「（可算名詞について）多くの」
(B) 形容詞 little「（不可算名詞について）ほとんどない」（正答）
(C) 形容詞 few「（可算名詞について）ほとんどない」
(D) 形容詞 a few「（可算名詞について）少数の」

「注意すべき修飾語句」タイプの問題のバリエーション

●修飾するのは可算名詞か不可算名詞か（*2b）

例題のように、数量を説明するlittle、few、much、manyは代表的です。そのほかにも、決まった使い方をしなくてはならないものが多くあります。

●否定の意味を持つ副詞

rarely、never、hardlyといった否定の意味を持つ副詞は、「倒置文」とからめて出題されることもあります。

問題タイプ 6 決まり文句

イディオムなどの、特別な表現がポイントとなる問題。知っていれば5秒で解けます。このような表現は理屈抜きで覚えましょう。

〈例題〉 ● Track 06

This new personnel management software is superior ------- those developed by our competitors.
　(A) for
　(B) in
　(C) than
　(D) to

STEP 1 選択肢を見よ！

意味や使い方が異なる前置詞や接続詞が並んでいて、何がポイントなのか迷いそうです。実は、イディオムなどの「決まり文句」がポイントの問題なのです。選択肢だけで解き方のポイントが判断できないときは、自分の知っている「決まり文句」のキーワードがないかどうか、探してみましょう。

STEP 2 空欄前後を見よ！

空欄の前の形容詞 superior を見て、be superior to ～「～より優れている」という「決まり文句」が頭に浮かべば一瞬で解けます。

STEP3 問題文を分解せよ！

<u>This new personnel management software</u> <u>is</u> <u>superior</u> -------
　　　　　　　　S　　　　　　　　　　　　　　　V　　C

those developed by our competitors.

キーワードの superior を見つければ、正解はすぐに選べるので、文の分解は必要ありません。

訳 この新しい人事管理ソフトは、当社の競合会社により開発されたものよりも優れています。

(A) 前置詞 for
(B) 前置詞 in
(C) 前置詞・接続詞 than
(D) 前置詞 to(正答)

よく出る「決まり文句」のバリエーション

TOEIC頻出の「決まり文句」を紹介します。ぜひ覚えておきましょう。

●接続詞の決まり文句
both A and B「AもBも両方」
either A or B「AかBかどちらか」
neither A nor B「AもBもどちらも〜ない」
not only A but (also) B「AだけでなくBも」
not A or[nor] B「AでもBでもない」　など

●比較表現の決まり文句
as well as〜「〜だけでなく、〜のみならず」
at least「少なくとも」
no sooner〜than…「〜するとすぐに…」
prefer〜to…「…より〜を好む」　など

※「コロケーション」とは？
単語と単語のよく使われる組み合わせのことです。例えばjob「仕事」なら、job application「求人応募」、job interview「採用面接」、job opening「求人」などがよく使われる組み合わせです。けれども、jobと同じく「仕事」という意味のあるworkを使って、work application、work interview、work openingとは言いません。これらは、コロケーション的に正しくないということです。

問題タイプ 7 文脈・語彙

同じ品詞、あるいは同じ役割をする語句の中から、文脈に合う意味になる語句を選ぶ問題。まずは、「このタイプの問題であること」を素早く見極めましょう。

〈例題〉 ● Track 07

Future Software Co. ------- on their website that they provide technical information for all of their products.

　(A) states
　(B) works
　(C) depends
　(D) keeps

STEP 1　選択肢を見よ！

選択肢はすべて動詞の3人称単数現在形です。このように、選択肢に同じ品詞・同じ役割をする語句が並んでいる場合は、文脈に合った意味の語句を選ぶ「文脈・語彙」タイプの問題です。文脈を理解しなければならないので、解答時間が長くなりがちです。選択肢が4つともわからない語句であれば、時間をかけて文脈を把握するのは得策とはいえません。ときにはあきらめて次の問題に進むことも必要です。

STEP 2　空欄前後を見よ！

空欄の前は Future Software Co.、後ろは on their website で、その後ろに接続詞の that 節 (*18) が続いています。on their website は「彼らのウェブサイト上で」という意味です。that 節の内容は「彼らのすべての製品について技術情報を提供します」です。全体の文脈から、「that 節の内容を述べる」という意味の動詞があると文が成り立つと推測します。選択肢の中で「〜ということを述べる」という意味で使えるのは (A) states だけです。

STEP3 問題文を分解せよ！

<u>Future Software Co.</u> ------- <u>on their website</u>
　　　　S　　　　　　　　V

<u>that they provide technical information for all of their products.</u>
　　　　　　　　　　　　　O

文脈を素早く理解するためにも、分解は効果的です。この場合、空欄の後ろが on だからといって、work on や depend on ではないかと決めつけないようにしましょう。

訳 Future Software 社は彼らのすべての商品について、ウェブサイト上で技術情報を提供していると述べています。

(A) 動詞 state「〜(ということ)をはっきり述べる、明言する」(正答)
(B) 動詞 work「働く」
(C) 動詞 depend「(depend on 〜で)〜を当てにする、頼りにする」
(D) 動詞 keep「〜を(…の状態に)保つ」

「文脈・語彙」タイプの問題に出会ったら

選択肢に知っている語句がなく、問題文の意味もよくわからない場合は、時間をかけずに勘で答えを選び、次の問題に進みましょう。TOEICテストは時間との戦いでもあります。考えてもわからない問題に時間を費やすのは得策ではありません。

ただし、これまでに述べてきた問題タイプ1〜6は、すべての選択肢の意味や問題文の内容がわからなくても解けるということを覚えておいてください。

実際の問題には、問題タイプ1〜6と「文脈・語彙」タイプの混合型もありますが、問題タイプ1〜6のポイントを押さえることで選択肢を2つにしぼれることも多いのです。

大切なのは、意味がわかれば解ける問題の場合は、少し長めの時間をかけてもかまいませんが、文法的アプローチで機械的に解ける問題には時間をかけないことです。

10 seconds

『1問10秒』に挑戦

練習問題　レベル1
001.－060.

7つのタイプの問題は
ランダムに出題されます。
解き方のステップを確かめながら、
『1問10秒』を意識してチャレンジしましょう。

Column

ツボを押さえた反復練習で解答の反射神経を鍛える！

本書では、各練習問題に3回分のチェックボックスをつけています。
しかし、1度問題をやってしまうと、
問題を見ただけで答えを思い出してしまうかもしれません。

練習問題を繰り返すときには、下に紹介する方法で
問題を早く解くリズムを体感してください。

☑1回目
とにかく時間を意識して、できるだけ早く解いてみましょう。解き終わったら、次のページの解説を読み、解き方のステップやポイントを確認しましょう。

☑2回目
1回目と同じように、見るべきポイントを順番に確認します。このとき、視線が必ずポイントをとらえていることを意識しながら練習してください。あなたの目は、「選択肢」「空欄前後」「キーワード」をとらえていますか？　心の中で「指さし確認」する意識が必要です。

☑3回目〜
2回目と同様に一連のステップを踏みますが、解答時間の目標は5秒に設定しましょう。難しい問題をあきらめるポイントを確認するのも、とても大切なことです。

001.

The company policy states that employees must treat customers ------- and with respect.

(A) equal
(B) equally
(C) equality
(D) equalize

『1問10秒』への道

「品詞」タイプの問題は文の構成理解が重要！

001. 正答 (B) equally

STEP 1 選択肢を見よ！

(A) equal、(B) equally、(C) equality、(D) equalize は、すべて equal- が共通部分で、equal とその派生語です。「品詞」タイプの問題です。

STEP 2 空欄前後を見よ！

前は employees must treat customers で、SVO 型の文が完成されているため、副詞の (B) equally が正答とわかります。また、後ろの and with respect は〈and ＋副詞句〉。and が同等の語句をつなぐという並列構造にもつじつまが合います。

STEP 3 問題文を分解せよ！

The company policy states that <u>employees</u> <u>must treat</u> <u>customers</u>
　　　　　　　　　　　　　　　　　　S　　　　　V　　　　　O

------- and with respect.

文全体では、states を中心にした SVO 型で、目的語は that 節（*18）です。この問題は that 節の中の構成がわかれば解くことができます。

> **訳** その会社の方針には、従業員はお客様を平等に尊敬を持って扱わなければならないと書かれています。
>
> (A) 形容詞「平等な、同一の」
> (B) 副詞「平等に」
> (C) 名詞「平等」
> (D) 動詞 equalize「等しくなる、～を（…と）等しくする」の原形

+α 〈前置詞＋名詞〉で修飾する

〈前置詞＋名詞〉の with respect は「尊敬を持って」という意味で、問題文では、treat customers を修飾する副詞句となっています。

002.

All participants must ------- a valid State of California driver's license.

(A) has
(B) had
(C) have
(D) having

『1問10秒』への道

「動詞の形」タイプはポイントが多い。
この問題のポイントは何だ？

002. 正答 (C) have

STEP 1 選択肢を見よ！

(A) has、(B) had、(C) have、(D) having は、動詞 have の変化形。「動詞の形」タイプの問題です。

STEP 2 空欄前後を見よ！

前は助動詞の must です。後ろの a valid から文末まで見ても、助動詞と組み合わせることができる動詞がありません。そのため、空欄には助動詞の後ろにつけられる動詞の原形、(C) have が入るとわかります。

STEP 3 問題文を分解せよ！

All participants　must -------
　　　S　　　　　　　V

a valid State of California driver's license.
　　　　　　　　　O

長いですが、a valid ～ license が目的語です。このように分解してみると、空欄には動詞の原形が入ることが一目瞭然です。

訳 すべての参加者は、カリフォルニア州の有効な運転免許証を持っていなくてはなりません。

(A) 動詞 have「～をもつ」の 3 単現
(B) 動詞 have の過去形・過去分詞
(C) 動詞 have の原形
(D) 動詞 have の -ing 形

+α license について

valid driver's license で「失効していない（＝有効な）運転免許証」の意味になります。valid は「有効な」という意味の形容詞です。また、運転免許証は driver's license（米）と所有格が使われている点に注意してください。運転免許証には通常写真がついているので、picture ID（写真つきの身分証明書）として使われることもあります。

003.

------- circumstances beyond our control, this year's air show has been canceled.

(A) In case that
(B) Therefore
(C) Although
(D) Due to

『1問10秒』への道

「つなぎ語句」タイプの場合は、
まず、空欄の後ろの構成を確かめよ！

003. 正答 (D) Due to

STEP 1 選択肢を見よ！

(A) In case that、(B) Therefore、(C) Although、(D) Due to は、接続詞や前置詞などです。「つなぎ語句」タイプの問題だと推測できます。

STEP 2 空欄前後を見よ！

コンマまでが 1 つの意味のかたまりです。空欄の後ろからコンマまでは名詞句 (*2c) です。選択肢の中で名詞句をつなげられるのは前置詞だけなので、(D) Due to が正答。(A) In case that と (C) Although は接続詞なので「つなぐもの」は節です。(B) Therefore は副詞なのでつなぎ語句として働きません。

STEP 3 問題文を分解せよ！

------- circumstances beyond our control, this year's air show
　　　　　　　　　　　　　　　　　　　　　　　　　　S

has been canceled.
　　　V

空欄からコンマまでの句で、「this year's air show がキャンセルされた」理由を述べています。

> **訳** やむを得ない事情のため、今年のエアショーはキャンセルされました。
> (A) 接続詞「もし〜の場合は」
> (B) 副詞「それゆえに」
> (C) 接続詞「〜だけれども」
> (D) 前置詞「〜のため」

+α　control を使った表現

beyond our control：私たちのコントロールを超える
　→ circumstances beyond our control「やむを得ない状況」
under control：支配下で、制御されて
　→ keep 〜 under control「〜を制御された状態に保つ」
　　bring 〜 under control「〜を制圧する（管理下に持ってくる）」
out of control：制御できない
　→ go[get] out of control「制御が効かなくなる、始末に負えなくなる」

004. ⏺Track 09

てきたらチェック　1回目 2回目 3回目

Law firm partners can use the company plane at ------- disposal.

(A) they
(B) their
(C) them
(D) themselves

『1問10秒』への道

「代名詞」タイプの問題には
時間をかけてはいけない。

004. 正答 (B) their

STEP 1 選択肢を見よ！

(A) they、(B) their、(C) them、(D) themselves は、さまざまな格の代名詞や再帰代名詞です。「代名詞」タイプの問題です。

STEP 2 空欄前後を見よ！

前は前置詞の at、後ろは名詞 disposal です。選択肢の中で名詞につなげることができるのは、「〜の」という意味になる所有格の (B) their です。

STEP 3 問題文を分解せよ！

Law firm partners   can use   the company plane at ------- disposal.
　　　S　　　　　　　V　　　　　　　O

can use を中心に SVO 型の文を構成しています。at 以降は補足情報です。

> 訳　その法律事務所の共同経営者たちは、社用機を自由に使うことができます。
> (A) 代名詞の主格「彼らは」
> (B) 代名詞の所有格「彼らの」
> (C) 代名詞の目的格「彼らを、彼らに」
> (D) 再帰代名詞「彼ら自身」

+α　at one's disposal 「〜の自由に」

one's のところには所有格を入れます。熟語として覚えていても、所有格が入ることがわかりますが、名詞につけるので所有格である必要があります。

005.

You can take either a cab ------- a train to get to the airport from our office.

(A) and
(B) or
(C) nor
(D) than

『1問10秒』への道

この選択肢なら、
あの「決まり文句」のキーワードにピンとくるはず！

005. 正答 (B) or

STEP 1 選択肢を見よ！

(A) and、(B) or、(C) nor、(D) than は接続詞や前置詞で、文や語句をつなぐ役割があります。一見、「つなぎ語句」タイプの問題にも見えます。

STEP 2 空欄前後を見よ！

前に either a cab があるので、either A or B「A か B のどちらか」という定型句を知っていればすぐに (B) or が正答だとわかります。つまり、この問題は「決まり文句」タイプの問題です。念のために全体の意味を確かめることができれば確実です。

STEP 3 問題文を分解せよ！

You can take either a cab ------- a train to get to the airport
 S   V   O

from our office.

either ～ a train「タクシーか電車か」が名詞句で、can take の目的語になっています。

> 訳　当社の事務所から空港へ行くには、タクシーか電車のどちらかを利用できます。
> (A) 接続詞「～と…」
> (B) 接続詞「～か…」
> (C) 接続詞「～もまた…でない」
> (D) 前置詞・接続詞「～よりも」

+α　take の使い方

take には、「乗り物に乗る」という意味のほかにも次のように使われます。
- How long did it take you to get to the station?
　駅まではどのくらいかかりましたか。
- I will take it.
　（お店などで商品を選ぶとき）それをください。
- Let's take a break.
　休みを取りましょう。
- We will take lunch later.
　昼食を食べるのは後にします。

006. Track 10

できたらチェック　1回目　2回目　3回目

We have ------- information about the merger plan of our competitor.

(A) little
(B) few
(C) many
(D) a lot

練習問題　レベル1

『1問10秒』への道

あっ！　これは落とせない問題。
information の特徴に合った「注意すべき修飾語句」を選ぼう。

006. 正答 (A) little

STEP 1 選択肢を見よ！

(A) little、(B) few、(C) many、(D) a lot は、すべて数量などに関する語句です。「注意すべき修飾語句」タイプの問題として取り組みましょう。

STEP 2 空欄前後を見よ！

前は We have、後ろは information です。空欄に入るのは information を修飾する語句です。information は不可算名詞（*2b）で、不可算名詞を修飾できるのは (A) little だけです。

STEP 3 問題文を分解せよ！

We have ------- information about the merger plan of our competitor.
 S   V   O

空欄（little）〜 our competitor までが have の目的語です。

> **訳** 当社は競合会社の合併計画についての情報をほとんど持っていません。
> (A) 形容詞「（不可算名詞について）ほとんど〜ない」、副詞「少し、ほとんどない」、代名詞「少量」
> (B) 形容詞「（可算名詞について）ほとんど〜ない」、代名詞「少数の人〔物〕」
> (C) 形容詞「（可算名詞について）多くの」、代名詞「多くの人〔物〕」
> (D) 名詞「たくさんのこと」

+α 「多数の」と「大量の」

a lot of 〜は可算名詞・不可算名詞（*2b）の両方に使うことができます。今回の選択肢は a lot でしたので、名詞の前につける場合は of が必要となります。一方、a (large) number of 〜「多数の、多くの」は可算名詞に、a large amount of 〜「大量の」は不可算名詞に使います。このように、可算名詞・不可算名詞に付随して多くのポイントがあるので、それらも覚えておくことが大切です。

007. ● Track 11

できたらチェック 1回目 2回目 3回目

It is the candidate's ------- to submit proof of their qualifications.

(A) responsible
(B) responsibly
(C) responsibility
(D) responsive

練習問題 レベル 1

『1問10秒』への道

選択肢は、responsi- が共通部分。
このタイプの問題は、何度も繰り返して、
「素早く正確に」を実践すべし。

007. 正答 (C) responsibility

STEP1 選択肢を見よ！

(A) responsible、(B) responsibly、(C) responsibility、(D) responsive は、すべて responsi- という共通部分があります。「品詞」タイプの問題ではないかと推測できます。

STEP2 空欄前後を見よ！

前は「冠詞＋所有格の名詞」の the candidate's、後ろの to submit は不定詞 (*16) です。所有格の名詞の直後に来るのは名詞の (C) responsibility だけです。

STEP3 問題文を分解せよ！

It is the candidate's ------- to submit proof of their qualifications.
S　V　　　　　C

It is ～ to…は「…することは～である」という構文です。この構文の主語 It は形式主語で、to submit 以下を受けているものです。

訳 自らの資格証明書を提出することは志望者の責任です。
(A) 形容詞「責任がある」
(B) 副詞「責任を持って」
(C) 名詞「責任」
(D) 形容詞「反応がよい」

+α　responsive と responsible

どちらも形容詞語尾 -sive、-ible (*3a) の単語ですが、まったく別の単語です。選択肢 (D) responsive は名詞 response「反応」の派生語で、「反応がよい」という意味です。動詞 respond「反応する」や副詞 responsively「すぐ反応して」などもあります。このように、見た目が似た単語が選択肢に一緒に出てくることがあるので、まとめて覚えておくとよいです。

008. ⊙Track 11

Making computer graphics is one of the services ------- Santa Fe Graphic Design offers.

(A) it
(B) that
(C) those
(D) what

『1問10秒』への道

冷静に！ 「代名詞」か「つなぎ語句」か
問題タイプの判断に迷ったら、空欄前後の構成をチェック！

008. 正答 (B) that

STEP1 選択肢を見よ！

(A) it、(B) that、(C) those、(D) what は、代名詞、関係代名詞、疑問詞、接続詞などの役割がある語です。「代名詞」タイプや「つなぎ語句」タイプの問題の可能性があります。

STEP2 空欄前後を見よ！

文頭から one of the services までで SVC 型の文が完成しています。後ろは Santa Fe Graphic Design が主語、offers が述語動詞の文なので、空欄の前後のつなぎ方がポイントである「つなぎ語句」タイプの問題だとわかります。ただし、他動詞 offer の目的語がなく、文として完成していません。one of the services を先行詞(*23)にとる目的格の関係代名詞として働く (B) that が答えとなります。

STEP3 問題文を分解せよ！

Making computer graphics　is　one of the services
　　　　S　　　　　　　　　　V　　C（先行詞）

　　　　　　　　　　　　------- Santa Fe Graphic Design offers.

空欄以降は先行詞を修飾する関係代名詞節(*23)です。

訳 コンピュータグラフィックを作成することは、Santa Fe Graphic Design 社が提供する業務の１つです。

(A) 代名詞「それは、それを」
(B) 代名詞「あれは、あれを」、接続詞「～ということ」、主格・目的格の関係代名詞
(C) 代名詞「それらは、それらを」
(D) 疑問詞「何」、先行詞を含む関係代名詞

+α service のいろいろな使い方

名詞 service は「奉仕、事業、接客、業務、務め、勤務、兵役、礼拝」のように、とても広い意味に使われる単語です。service の動詞は serve ですが、service にも動詞があり「～を修理する、～に必要なものを提供する」などの意味になります。serviced apartment とすると「サービスつきマンション（ホテルのようなサービスを受けられるマンション）」のことを意味します。

009. ◎ Track 12

You will find a wide ------- of tropical plants around the garden.

(A) variety
(B) varieties
(C) various
(D) vary

『1問10秒』への道

var- が共通部分の似た選択肢があるぞ。
違いは何だ？

009. 正答 (A) variety

STEP 1 選択肢を見よ！

(A) variety、(B) varieties、(C) various、(D) vary は、すべて var- という共通部分があります。「品詞」タイプの問題と推測できます。

STEP 2 空欄前後を見よ！

前は形容詞 wide です。後ろの前置詞 of から構成が区切れるため、ここには形容詞が修飾する名詞が入ることがわかります。また、形容詞の前に冠詞 a があることから、可算名詞(*2b)の単数形 (A) variety がよいことがわかります。(B) varieties は複数形、(C) various は形容詞、(D) vary は動詞なので間違いです。

STEP 3 問題文を分解せよ！

You will find a wide ------- of tropical plants around the garden.
 S   V   O

will find が述語動詞の SVO 型の文です。そのため、空欄のある a wide 〜 of tropical plants の句は find の目的語となる名詞句(*2c)です。空欄には a wide と of tropical plants に修飾される名詞が入ることがわかります。

訳 その庭の周りに、幅広い種類の〔いろいろな〕熱帯植物を見つけることができます。
(A) 名詞「いろいろな異なったもの」の単数形
(B) 名詞の複数形
(C) 形容詞「それぞれ異なる、いろいろの」
(D) 動詞 vary「変わる、〜を変える」の原形

+α a variety of 〜「いろいろな〜」

〜には複数形の名詞が入ります。variety の前にいろいろな形容詞をつけた、a large[great] variety of 〜、a dazzling variety of 〜などの表現もあります。TOEIC では文法セクションだけでなく、読解セクションにもよく出る語句です。

010.

Having lived in Vancouver for six months, I have found that the ------- of living in this city is not as high as I first thought.

(A) cost
(B) price
(C) fee
(D) fare

『1問10秒』への道

選択肢の品詞が同じ「文脈・語彙」タイプの問題。
よく考えれば解ける問題なのかどうか、
その判断にもスピードが必要。

010. 正答 (A) cost

STEP 1 選択肢を見よ！
(A) cost、(B) price、(C) fee、(D) fare はすべて名詞です。また、これらは、料金や費用といった同じような意味の語です。文脈に合った表現となる語を選ばなければなりません。「文脈・語彙」タイプの問題です。

STEP 2 空欄前後を見よ！
前は the、後ろは of living in this city で、これがひとかたまりの名詞句です。選択肢をヒントに想像すると「この街に住む費用」のような意味になりそうです。選択肢の単語の使い方の違いがわからなければ正答を選ぶのは難しいです。

STEP 3 問題文を分解せよ！

Having lived in Vancouver for six months, I have found that

the ------- of living in this city　is not　as high as I first thought.
　　　　　S　　　　　　　　　　　　　V　　　　　　C

is not as high as I first thought は「最初に思ったよりも高くない」という表現です。

訳 バンクーバーに住んで6ヵ月になりますが、この街に住む費用は最初に思ったほど高くはないことがわかりました。

(A) 名詞「コスト、費用」
(B) 名詞「値段」
(C) 名詞「(サービスに対する)料金」
(D) 名詞「乗車料金」

+α 料金・価格の表し方

料金・価格などを意味するいろいろな単語の使い方がわかっていれば、リスニングや長文の問題を解く際にもとても役立ちます。
　cost：コスト、サービス・活動などに対する料金
　price：レストランやお店などで支払うべき金額
　fee：専門サービスの料金、団体などへの加入費
　fare：交通運賃
　charge：サービスに対する料金、使用料
　rate：基準により決められた料金

011.

Mr. Lucas ------- an application for the position of management analyst at KYP International two weeks ago.

(A) submit
(B) submits
(C) submitted
(D) submitting

『1問10秒』への道

文に足りない要素は何だ？
まずは主語、述語動詞をチェック！

011. 正答 (C) submitted

STEP 1 選択肢を見よ！

(A) submit、(B) submits、(C) submitted、(D) submitting と、動詞 submit の変化形が並んでいます。「動詞の形」タイプの問題です。

STEP 2 空欄前後を見よ！

前は Mr. Lucas と人の名前です。後ろの an application for から文末まで見てみると、述語動詞がありません。そのため、空欄には述語動詞として入れられる形を選びます。いちばん後ろの two weeks ago「2週間前に」が答えを選ぶカギ。これと合う時制 (*1a) は過去形の (C) submitted です。また、(D) submitting は単独で述語動詞として使うことはできないので間違いです。

STEP 3 問題文を分解せよ！

Mr. Lucas ------- an application for the position of management
    S   V   O

analyst at KYP International two weeks ago.

長い文ですが、SVO 型の文に補足情報がいろいろついているだけです。多くの補足情報の中から時制を決定する two weeks ago を素早く見つけることが大切です。

訳 Lucas さんは 2 週間前に、KYP インターナショナル社の経営分析家のポジションに応募しました。

(A) 動詞 submit「〜を提出する」の原形
(B) 動詞 submit の 3 単現
(C) 動詞 submit の過去形・過去分詞
(D) 動詞 submit の -ing 形

+α submit「〜を提出する」

ビジネス上では何かを提出するという場面が多いからかもしれませんが、TOEIC のあらゆるセクションに頻出する単語です。これと同じ意味に使える群動詞 (*1d) の hand in や turn in も同様によく出てくるので、一緒に覚えておくとよいです。
・I handed in the application form.「私は申込書を提出しました」

012. Track 13

Applicants ------- first language is not English are required to submit proof of their English language skills.

(A) who
(B) whose
(C) whom
(D) that

『1問10秒』への道

選択肢に共通する働きを見つけ出すべし。
それこそが出題ポイントだ！

012. 正答 (B) whose

STEP 1 選択肢を見よ！

(A) who、(B) whose、(C) whom、(D) that は、疑問詞や接続詞でもありますが、すべて関係代名詞としての役割がある語です。「つなぎ語句」タイプの問題だと推測して取り組みましょう。

STEP 2 空欄前後を見よ！

前は、名詞 Applicants、後ろは first language is not English で、ここまでが文全体の主語になっています。Applicants と first language のつながりがポイントで、ここでは「応募者（applicants）の第一言語（first language）」とすると意味が通じます。所有格の関係代名詞(*23)として働く (B) whose が答えとなります。

STEP 3 問題文を分解せよ！

Applicants ------- first language is not English are required to
S（先行詞）　　　　　　　　　　　　　　　　　　　　　　　　V

submit proof of their English language skills.

※ be required to ～「～することを求められている」

Applicants (whose) first language is not English までが主語、are required が述語動詞です。

訳 第一言語が英語でない応募者には、彼らの英語力を証明するものを提出することが求められています。

(A) 疑問詞「誰が」、主格の関係代名詞
(B) 疑問詞「誰の」、所有格の関係代名詞
(C) 疑問詞「誰を」、目的格の関係代名詞
(D) 接続詞「～ということ」、主格・目的格の関係代名詞

+α be required to ～のしくみ

〈require ＋人＋ to ～〉の人を主語にした受動態です。条件の掲示などによく使われる表現です。be required to ～と書いてあることは、「しなければならない」ことです。TOEIC の Part 7 のパッセージでこの表現が使われている場合、「～に必要な条件は何ですか」といった問題がよくあるので、覚えておきましょう。

013.

This is the document ------- the buyer agrees to pay any outstanding fees.

(A) what
(B) which
(C) in which
(D) whose

『1問10秒』への道

関係詞の問題にひるんではいけない。
文の構成から攻めよ！

013. 正答 (C) in which

STEP1 選択肢を見よ！

(A) what、(B) which、(C) in which、(D) whose は、関係代名詞または疑問詞です。「つなぎ語句」タイプの問題だと推測できます。

STEP2 空欄前後を見よ！

前は This is the document という SVC の文、後ろは the buyer agrees to pay 〜 fees という SVO の文です。それぞれ文の構成要素がそろっており、文として完成しているので、接続詞と副詞の両方の働きをする語句を選べばよいとわかります。前置詞がついている関係代名詞(*23)の (C) in which が入ります。

STEP3 問題文を分解せよ！

This is the document
 S V   C (先行詞)
　　　　　　　　　　┆
　　　　　　------- the buyer agrees to pay any outstanding fees.

the buyer agrees to pay any outstanding fees in the document という文の in the document を in which で受けています。

訳 これは、その中で、買い手がいかなる未払い料金も支払うことに合意している書類です。

(A) 疑問詞「何」、先行詞を含む関係代名詞
(B) 疑問詞「どちら」、主格・目的格の関係代名詞
(C) 前置詞＋目的格の関係代名詞
(D) 疑問詞「誰の」、所有格の関係代名詞

014. Track 14

できたらチェック 1回目 2回目 3回目

One of the board members said ------- was not pleased with the outcome of the sales promotion event.

(A) he
(B) him
(C) his
(D) himself

『1問10秒』への道

あわてて間違えないように。
say は自動詞と他動詞のどっちだ？

014. 正答 (A) he

STEP 1 選択肢を見よ!
(A) he、(B) him、(C) his、(D) himself は、さまざまな格の代名詞や再帰代名詞です。「代名詞」タイプの問題です。

STEP 2 空欄前後を見よ!
前は述語動詞 said、後ろは be 動詞の was です。was の主語がないので、空欄には主語となる主格の (A) he が入ると考えられます。

STEP 3 問題文を分解せよ!

One of the board members said ------- was not pleased with the
              S   V   C

outcome of the sales promotion event.

said の直後に接続詞 that (*18) が省略されている文です。空欄以降の節全体が said の目的語です。この that の省略に気づくかどうかも大切なポイントです。

> **訳** 役員会のメンバーの1人は、販売促進イベントの結果に満足していないと言いました。
> (A) 代名詞の主格「彼は」
> (B) 代名詞の目的格「彼を、彼に」
> (C) 代名詞の所有格「彼の」、所有代名詞「彼のもの」
> (D) 再帰代名詞「彼自身」

+α outcome の使い方

the outcome of the sales promotion event は「販売促進イベントの結果」という意味になります。outcome は特に「何かが起こった結果、何かをした結果」という意味に使います。TOEIC はもちろん、仕事でもよく使われる単語ですので、ぜひ覚えておいてください。

015.

The initial password is the same ------- your personal identification number.

(A) as
(B) for
(C) than
(D) with

『1問10秒』への道

選択肢だけでピンとこないときは、
問題文中のキーワードを探そう！

015. 正答 (A) as

STEP 1 選択肢を見よ！
(A) as、(B) for、(C) than、(D) with は、前置詞や接続詞で、文や語句をつなぐ役割があります。一見、「つなぎ語句」タイプの問題にも見えます。

STEP 2 空欄前後を見よ！
前に the same があるので、the same as ~「~と同じ」という定型句を知っていればすぐに (A) as が正答だとわかります。つまり、この問題は「決まり文句」タイプの問題です。念のために全体の意味を確かめることができれば確実です。

STEP 3 問題文を分解せよ！

The initial password is the same ------- your personal identification number.
　　　S　　　　　　　　V　　　　C

主語の The initial password が空欄の後ろの名詞句 (*2c) your personal identification number と「同じ」という意味です。

訳 初期パスワードはあなたの個人 ID 番号と同じです。
(A) the same as ~ で「~と同じ」
(B) 前置詞「~のために」、接続詞「というわけは」
(C) 前置詞・接続詞「~よりも」
(D) 前置詞「~と一緒に」

+α personal identification number とは

「個人識別番号、（クレジットカードやキャッシュカードなどの）パスワード」の意味です。省略され PIN などと書かれている場合もあります。例えば、PIN は automated teller machine (ATM)「現金自動預入支払機」でお金を引き出す際に必要となります。

016.

Please contact one of the ------- listed below for more information.

(A) specialists
(B) specialize
(C) specially
(D) special

『1問10秒』への道

後ろが分詞だからって難しくはない！
分詞の役割を思い出そう。

016. 正答 (A) specialists

STEP 1 選択肢を見よ！

(A) specialists、(B) specialize、(C) specially、(D) special は、すべて special が共通部分で、special とその派生語です。「品詞」タイプの問題です。

STEP 2 空欄前後を見よ！

前は one of the です。後ろを見ても冠詞の the につく名詞がないため、名詞が必要だとわかります。また、one of ～「～のうちの１つ〔１人〕」とあるので、ここに入れる名詞は複数形の (A) specialists がよいとわかります。(B) specialize は動詞、(C) specially は副詞、(D) special は形容詞なので間違いです。

STEP 3 問題文を分解せよ！

Please contact one of the ------- listed below for more information.
　　　　　V　　　　　　O

命令文なので主語は省略されています。述語動詞は Please の後の contact です。空欄の後ろの listed は過去分詞(*3c)で、below とともに前にある名詞を修飾する働きをしています。

> **訳** 詳細については、以下に記載した専門家のうちの１人にご連絡ください。
> (A) 名詞「専門家」の複数形
> (B) 動詞 specialize「専門とする」の原形
> (C) 副詞「特に、特別に」
> (D) 形容詞「特別な」

017. Track 16

できたらチェック　1回目　2回目　3回目

Throughout the competition, all contestants must follow the ------- instructions listed below.

(A) simplify
(B) simply
(C) simple
(D) simplicity

『1問10秒』への道

いろいろ気にしすぎて時間をかけすぎてはいけない。
選択肢の前後だけで解ける。

017. 正答 (C) simple

STEP 1 選択肢を見よ！

(A) simplify、(B) simply、(C) simple、(D) simplicity は、すべて simpl- が共通部分で、simple とその派生語です。「品詞」タイプの問題だとわかります。

STEP 2 空欄前後を見よ！

前は冠詞の the、後ろは名詞の instructions です。そのため、名詞につけられる形容詞 (C) simple が答えになると考えられます。(A) simplify は動詞、(B) simply は副詞、(D) simplicity は名詞なので間違いです。

STEP 3 問題文を分解せよ！

Throughout the competition, <u>all contestants</u> <u>must follow</u>
　　　　　　　　　　　　　　　　　S　　　　　　　V

<u>the ------- instructions listed below.</u>
　　　　　　　O

must follow が述語動詞の SVO 型の文です。名詞は instructions なので、名詞を修飾する形容詞が必要だと確認できます。

訳 すべての競技者は、競技中は以下に記載の簡単な指示に従わなくてはなりません。

(A) 動詞 simplify「〜を単純化する」の原形
(B) 副詞「簡単に」
(C) 形容詞「簡単な」
(D) 名詞「簡単、単純」

+α 名詞で名詞を修飾する

ほとんどの場合、名詞を修飾するのは形容詞と考えて差し支えありませんが、名詞に名詞がつながる場合もあります。
・city office「市役所」
・company building「会社の建物」
・coffee shop「コーヒーショップ」　など
これらはコロケーションとしてそのまま覚えてしまうほうがよいでしょう。

018. ⊙ Track 16

Contract renewal information will be sent to ------- your home and your office.

(A) either
(B) neither
(C) both
(D) whether

『1問10秒』への道

TOEIC でよく見かける「決まり文句」。
長い問題文から、素早く正確にキーワードを見つけよう。

018. 正答 (C) both

STEP 1 選択肢を見よ！
(A) either、(B) neither、(C) both、(D) whether は、文や語句をつなぐ役割の語がありますが、either、neither、both は定型句を構成するので、「決まり文句」タイプの問題である可能性が考えられます。

STEP 2 空欄前後を見よ！
「決まり文句」タイプの問題であれば、キーワードがあるはず。空欄の後ろの your home and your office に and があります。both A and B「A も B も両方」という定型句を知っていれば、すぐに (C) both が正答だとわかります。

STEP 3 問題文を分解せよ！

Contract renewal information　will be sent to ------- your home and
　　　　　　S　　　　　　　　　　　V

your office.

「contract renewal information が送られる」という意味の受動態(*1e)の文です。

訳 契約更新情報はご自宅と事務所の両方に送られます。
(A) either A or B で「A か B かどちらか」
(B) neither A nor B「A も B もどちらも〜ない」
(C) both A and B「A も B も両方」
(D) 接続詞「〜かどうか」

+α TOEIC 頻出の決まり文句（１）

either、neither、both を用いた定型句は、例文と一緒に覚えましょう。
・I want both a collie and a toy poodle.
　私はコリー犬とトイプードルの両方を飼いたいです。
・I want either a collie or a toy poodle.
　私はコリー犬かトイプードルのどちらかを飼いたいです。
・I want neither a collie nor a toy poodle.
　私はコリー犬もトイプードルも両方とも飼いたくありません。

019.

Most of our overseas user support team members live near the call center ------- they answer calls from customers all over the world around the clock.

(A) what
(B) where
(C) which
(D) whether

『1問10秒』への道

関係代名詞と関係副詞の違いの基本をしっかり押さえ、着実に正答を選ぶこと。

019. 正答 (B) where

STEP 1 選択肢を見よ！

(A) what、(B) where、(C) which、(D) whether には、関係代名詞、関係副詞、接続詞などの役割があります。「つなぎ語句」タイプの問題として取り組みましょう。

STEP 2 空欄前後を見よ！

前は名詞句 the call center、後ろは they answer calls から文末までで〈主語＋動詞〉のある節です。前に名詞句があるため、これを先行詞にする関係代名詞(*23)や関係副詞(*24)が空欄に入ると考えられます。後ろの節は、構成要素がすべてそろった文なので、副詞情報を受ける関係副詞の (B) where が正答。接続詞の (D) whether では意味が通りません。

STEP 3 問題文を分解せよ！

Most of our overseas user support team members live near the call center
　　　　　　　　S　　　　　　　　　　　　　　　　　V　　　　　　　　（先行詞）
------- they answer calls from customers all over the world around the clock.

空欄のある節は、主語が they、述語動詞が answer、そして call 〜 the world が目的語で、文の構成要素がすべてそろっています。

> **訳** 当社の海外ユーザーサポートチームメンバーのほとんどはコールセンターの近くに住み、そこで世界中のお客様からの電話に 24 時間体制で応じています。

(A) 疑問詞「何」、先行詞を含む関係代名詞
(B) 疑問詞「どこで」、関係副詞
(C) 疑問詞「どちら」、主格・目的格の関係代名詞
(D) 接続詞「〜かどうか」

+α 関係代名詞か関係副詞か(*23、24)

関係代名詞の後ろは文の構成要素がそろわず、完成した文にはなりません。
・Making computer graphics is one of the services that Santa Fe Graphic Design offers.(p.48 参照)
　→関係代名詞 that の後の節には offer の目的語がありません。
関係副詞の後ろは文の構成要素がそろっており、完成した文です。
・Most of our overseas user support team members live near the call center where they answer calls from customers all over the world around the clock.
　→関係副詞 where の後ろの節は SVO 型の文が完成しています。

020.

Ms. Bellecci asked the lawyer to repeat his question many times but it still remained ------- unclear to her.

(A) part
(B) partial
(C) partially
(D) partiality

『1問10秒』への道

構文理解がポイント。
remain が作る文型は何だ？
空欄後ろの単語の品詞は何だ？

020. 正答 (C) partially

STEP 1 選択肢を見よ！

(A) part、(B) partial、(C) partially、(D) partiality は、すべて part- が共通部分で、part とその派生語です。「品詞」タイプの問題です。

STEP 2 空欄前後を見よ！

前は it still remained、後ろは形容詞 unclear です。remain は SVC 型で「〜のままである」の意味の動詞で、unclear が補語なので、文の構成要素はすべてそろっています。空欄には副詞の (C) partially が入ります。

STEP 3 問題文を分解せよ！

Ms. Bellecci asked the lawyer to repeat his question many times

but it still remained ------- unclear to her.
   S   V   C

but 以下の文だけ見れば問題を解くことができます。remain のように SVC 型をとることができる一般動詞は、文法問題のポイントになることが多いので覚えておくとよいです。

訳 Bellecci さんはその弁護士に質問を何度も繰り返すよう頼みましたが、彼女にとってはまだ部分的にはっきりしないままでした。

(A) 名詞「部分」
(B) 形容詞「部分的な、不完全な」
(C) 副詞「部分的に」
(D) 名詞「部分的であること、局部性」

021.

The solar power system market has been growing ------- the subsidy program for energy saving equipment was introduced last year.

(A) to
(B) from
(C) besides
(D) since

『1問10秒』への道

文が長くて難しそうに見える問題。
冷静に時制をチェックせよ。

021. 正答 (D) since

STEP 1 選択肢を見よ！

(A) to、(B) from、(C) besides、(D) since は、前置詞や接続詞などで、文や語句をつなぐ役割があります。「つなぎ語句」タイプの問題です。

STEP 2 空欄前後を見よ！

前は has been growing で、現在完了進行形 (*09) の節です。後ろも the subsidy program ～ was introduced という主語と動詞のある節なので、前置詞は入りません。空欄以降は導入時期を意味しているので、現在完了形の文で「～以来」の意味になる接続詞が入ります。選択肢の中で接続詞の働きをするのは (D) since だけです。

STEP 3 問題文を分解せよ！

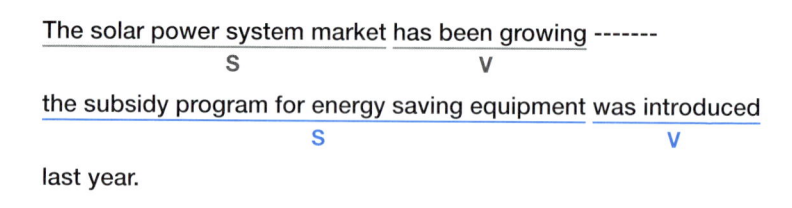

The solar power system market [S] has been growing [V] -------

the subsidy program for energy saving equipment [S] was introduced [V]

last year.

The solar ～ growing までが主となる節で、空欄 (since) 以降の節は、主となる節の状態がいつから始まったかを補足説明しています。

訳 太陽光発電システム市場は、昨年、省エネ機器に対する補助金制度が導入されて以来、成長しています。

(A) 前置詞「～へ」
(B) 前置詞「～から」
(C) 前置詞「～のほかに」、副詞「そのうえ」
(D) 前置詞・接続詞「～以来」、接続詞「～だから」

+α solar power system「太陽光発電システム」

solar は「太陽の」(形容詞)で、solar system で「太陽系」(名詞)となります。solar power は「太陽エネルギー」の意味ですが、単に power だけだと「電力」の意味もあり、power plant で「発電所」の意味です。また、power outage は「停電」の意味です。

022. ⦿ Track 18

できたらチェック 1回目 2回目 3回目

Most of the participants had already ------- out the questionnaire when the seminar started.

(A) fill
(B) filled
(C) filling
(D) fills

練習問題 レベル1

『1問10秒』への道

空欄がある節の時制に注目！
考えすぎずに3秒で解こう！

022. 正答 (B) filled

STEP1 選択肢を見よ！

(A) fill、(B) filled、(C) filling、(D) fills は、動詞 fill の変化形です。「動詞の形」タイプの問題です。

STEP2 空欄前後を見よ！

前の had already から、述語動詞は過去完了形 (*08) になるのではないかと推測できます。また、空欄より後ろには when で始まる副詞節 (*29) があり、それが過去の一時点を示しているため、過去完了形を作る過去分詞の (B) filled が正答です。

STEP3 問題文を分解せよ！

Most of the participants　had already ------- out　the questionnaire
　　　　S　　　　　　　　　　　　　V　　　　　　　　　　　　O

when the seminar started.

　※この分解図では、fill out「（空所）に書き入れる、記入する」を 1 つの他動詞としています。副詞 already は動詞ではありません。

時制 (*1a) がポイントになっていると思ったら、時を表す表現を早く見つけましょう。この文では、when the seminar started がそれに当たります。

訳　研修が始まったときには、ほとんどの参加者はすでにアンケートの記入を済ませていました。

(A) 動詞 fill「いっぱいになる、〜をうめる」の原形
(B) 動詞 fill の過去形・過去分詞
(C) 動詞 fill の -ing 形
(D) 動詞 fill の 3 単現

+α　fill を使った群動詞

fill out は fill と out で構成される群動詞です。このように動詞と副詞（または前置詞）で構成される群動詞（句動詞とも言う）は日常会話でも頻繁に使われ、TOEIC にもよく出題されるので、ぜひ覚えておきましょう。fill を使った群動詞には、fill in 〜「（人の）代理人をする、（空所）に書き入れる」、fill up 〜「〜をいっぱいにする、（ガソリンを）満タンにする」などがあります。

023. Track 19

できたらチェック　1回目 2回目 3回目

A ------- friend of mine was admitted into an online graduate school located in Canada.

(A) within
(B) almost
(C) near
(D) close

『1問10秒』への道

考えすぎるとかえって難しくなる。
名詞の前に来る品詞がポイント。

023. 正答 (D) close

STEP 1 選択肢を見よ！

(A) within、(B) almost、(C) near、(D) close は品詞はいろいろですが、似たような意味で使い方の紛らわしい語です。文脈に合った表現になるものを選ばなければなりません。「文脈・語彙」タイプの問題として取り組みましょう。

STEP 2 空欄前後を見よ！

冠詞の a と名詞 friend の間に入り、「親しい友人」の意味になる形容詞を選びます。(A) within と (B) almost には形容詞の働きはありません。よって、(C) と (D) にしぼられます。ここで close friend というコロケーションを知っていれば、すぐに正答は (D) だとわかります。これは「決まり文句」タイプの問題です。

STEP 3 問題文を分解せよ！

A ------- friend of mine　was admitted　into an online graduate
　　　　　S　　　　　　　　　V

school located in Canada.

A friend of mine が主語となっている受動態の文です。

訳 私の親しい友人はカナダにあるオンラインの大学院に入学を許可されました。
(A) 前置詞「〜以内で」
(B) 副詞「ほとんど」
(C) 副詞「近く」、形容詞「近い」、前置詞「〜の近くに」
(D) 形容詞「近い、親密な」

+α near を使わない「近い」

near にも「近い」という意味の形容詞がありますが、near friend という表現はしません。「親しい友人」は close friend とします。単語の意味を知っているだけでは解けない問題もあります。このようなポイントは個別に覚えていくしかありません。コロケーションの「決まり文句」として覚えておくとよいでしょう。

024.

The company has ------- to change its decision to shut down one of its factories.

(A) decide
(B) decided
(C) deciding
(D) decides

『1問10秒』への道

has につけられる動詞の形は何だ？
悩むまでもない。

024. 正答 (B) decided

STEP1 選択肢を見よ！

(A) decide、(B) decided、(C) deciding、(D) decides は、動詞 decide の変化形です。「動詞の形」タイプの問題です。

STEP2 空欄前後を見よ！

前は has（have の 3 人称単数現在形）、後ろは to change ～（不定詞句）となっています。ここの has が現在完了形（*07）を作る一部だとわかると、過去分詞の (B) decided が答えとわかります。そのほかの形はここに入れることはできません。

STEP3 問題文を分解せよ！

The company has ------- to change its decision to shut down
　　　S　　　　V　　　　　　　　　O

one of its factories.

不定詞句（*16）が decide の目的語となり、SVO 型を構成しています。

訳 その会社は工場のうちの 1 つを閉鎖するという決定を変更することに決めました。

(A) 動詞 decide「～を決める」の原形
(B) 動詞 decide の過去形・過去分詞
(C) 動詞 decide の -ing 形
(D) 動詞 decide の 3 単現

+α 不定詞や動名詞は目的語になる（*15、16）

動詞の形のバリエーションである不定詞と動名詞は名詞として働くので、目的語にもなります。動詞の中には、不定詞と動名詞の両方を目的語にとることができるものもありますが、そのどちらかしか目的語にとることができないものがあります。decide は、後ろに不定詞をとることはできますが、動名詞はとれません。

025.

The team members worked overtime every day ------- that they could finish the project on schedule.

(A) and
(B) but
(C) so
(D) with

『1問10秒』への道

TOEIC 文法問題の常連の「決まり文句」！

025. 正答 (C) so

STEP 1 選択肢を見よ！

(A) and、(B) but、(C) so、(D) with は接続詞や前置詞で、文や語句をつなぐ役割があります。一見、「つなぎ語句」タイプの問題にも見えます。

STEP 2 空欄前後を見よ！

前の The team ～ every day、後ろの that they could finish ～ on schedule ともに文の構成要素がそろっています。そのため、前置詞ではなく接続詞が入るとわかります。次に、前の節と後ろの that 節とのつながりがポイントになります。ここで、選択肢から so that ～「～するために」という決まり文句を思いつけば、(C) so が正答だとわかります。

STEP 3 問題文を分解せよ！

The team members worked overtime every day ------- that they
　　　S　　　　　　　V　　　　　　　　　　　　　　　　　　　　S

could finish the project on schedule.
　V　　　　　　O

空欄の後ろが SVO 型の文として完結していることを素早く確認しましょう。

訳 プロジェクトをスケジュール通り終えることができるよう、チームメンバーは毎日残業しました。

(A) 接続詞「～と …」
(B) 接続詞「しかし」
(C) so that ～で「～するために」
(D) 前置詞「～と一緒に」

+α overtime の使い方

overtime には、品詞ごとに次のような使い方があります。
・名詞「超過時間勤務」：no overtime「残業なし」
・形容詞「時間外の」：overtime work「時間外労働」
・副詞「時間外に」：work overtime「残業する（時間外に働く）」

026. Track 20

できたらチェック　1回目　2回目　3回目

------ the workers had to work late last month to fulfill the monthly production quota of cars.

(A) Most
(B) Most of
(C) Almost
(D) Some

練習問題 レベル 1

『1問10秒』への道

空欄の後ろは「冠詞＋名詞」。
冠詞につなげるにはどうしたらいいんだ？

026. 正答 (B) Most of

STEP 1 選択肢を見よ！

(A) Most、(B) Most of、(C) Almost、(D) Some は、数量などに関する語句です。また、most や some は、さまざまな品詞としての使い方があります。「注意すべき修飾語句」タイプの問題として取り組みましょう。

STEP 2 空欄前後を見よ！

後ろが the workers なので、空欄に入るのは the workers を修飾する語句です。基本的に、〈冠詞＋名詞〉の前には形容詞や名詞・代名詞、副詞を置くことはできません。「ほとんどの」の意味になり the workers につなげられる (B) Most of が正答です。

STEP 3 問題文を分解せよ！

------- the workers had to work late last month to fulfill
          S   V

the monthly production quota of cars.

the workers の修飾語句を選ぶ問題なので、主語の部分だけ見ればよいことがわかります。

> **訳** ほとんどの労働者は自動車の月次生産ノルマを達成するため、先月は遅くまで働かなくてはなりませんでした。
> (A) 形容詞「ほとんどの」、名詞「大部分」、副詞「最も、とても」
> (B) most of 〜で「ほとんどの〜」
> (C) 副詞「ほとんど」
> (D) 形容詞「いくつかの」、代名詞「いくらか」

+α most と almost の使い分け

most of the workers としなくてはならないのは、workers の前に the がついているためです。the がなければ、most workers「ほとんどの労働者」や some workers「何人かの労働者」で問題ありません。almost には all をつけて、almost all workers「ほとんどすべての労働者」とすることができます。このように使い方に注意点があるので、混乱しないように覚えておくことが大切です。

027.

The inspection outcome ------- that these facilities meet international standards.

(A) confirm
(B) confirms
(C) confirming
(D) to confirm

『1問10秒』への道

前後を確認して構成をつかむ。
空欄の後ろの that 以降は何だ？

027. 正答 (B) confirms

STEP 1 選択肢を見よ！

(A) confirm、(B) confirms、(C) confirming、(D) to confirm は、動詞 confirm のいろいろな変化形です。「動詞の形」タイプの問題です。

STEP 2 空欄前後を見よ！

前は The inspection outcome、後ろは that です。この that の後ろに主語と述語動詞があるため節だとわかります。文全体の主語は The inspection outcome で、述語動詞がありません。空欄には単数形の主語をとることができる動詞、(B) confirms が入ります。

STEP 3 問題文を分解せよ！

The inspection outcome -------
　　　　S　　　　　　　　　V

that these facilities meet international standards.
　　　　　　　　　　O

that 節を目的語にとる、SVO 型の文です。文全体の主語と動詞を素早く見つけ出せばすぐに解けます。

訳　その検査結果は、これらの施設が国際基準を満たしていることを裏づけています。

(A) 動詞 confirm「〜を確認する、裏づける」の原形
(B) 動詞 confirm の 3 単現
(C) 動詞 confirm の -ing 形
(D) 動詞 confirm の不定詞

+α standard(s)「基準」のコロケーション

問題文のように「〜に適合している」という意味で meet を使うことができます。また、satisfy「〜を満たす、満足させる」、fulfill「〜を満たす」なども同様の意味で使うことができます。ほかにも、establish the standards「基準を確立する」、maintain the standards「基準を維持する」、raise the standards「基準を上げる」などのコロケーションがあります。このように、動詞とペアで覚えておくと、とても便利です。また、industry standard「業界基準」のように、名詞とのペアもあります。

86

028.

Mr. Garde is not only a good guitar player ------- a great song writer.

(A) or so
(B) so that
(C) now that
(D) but also

『1問10秒』への道

またまた常連の「決まり文句」だ。
きっとまたどこかで出会う。

028. 正答 (D) but also

STEP1 選択肢を見よ！
(A) or so、(B) so that、(C) now that、(D) but also は、文や語句をつなぐ役割をするので、「つなぎ語句」タイプの問題に見えます。あるいは、それぞれの意味を問う「文脈・語彙」タイプの問題かもしれません。

STEP2 空欄前後を見よ！
空欄の数語前に not only があります。not only A but also B 「A だけでなく B も」という定型句を知っていれば、一瞬で (D) but also が正答だとわかります。つまり、これは「決まり文句」タイプの問題です。

STEP3 問題文を分解せよ！

Mr. Garde is not only a good guitar player ------- a great song writer.
  S V   C

not only 〜 a great song writer までが補語となる SVC 型の文です。

> 訳 Garde さんはよいギター奏者というだけではなく、すばらしい作曲家です。
> (A) 〜 or so で「〜かそこら」
> (B) so that 〜で「〜するために」
> (C) now that 〜で「今や〜だから」
> (D) not only A but also B で「A だけでなく B も」

+α TOEIC 頻出の決まり文句(2)

この問題の誤答選択肢も、TOEIC 頻出の決まり文句です。so that は問題 025 で取り上げられましたね。ほかにも以下のようなものがあります。

- 〜 or so 「〜かそこら」
  It takes about thirty minutes or so.
    だいたい 30 分かそこらかかります。
- now that 〜 「今や〜だから」
  Now that Bill moved into an apartment near his office, he doesn't have to get up quite so early to get to work on time.
    Bill は今や事務所のそばのアパートに引っ越したので、仕事に間に合うにはそんなに朝早く起きる必要はありません。

029.

I would like to know ------- you are interested in buying one of our products.

(A) if
(B) what
(C) which
(D) or

『1問10秒』への道

疑問詞か接続詞かを決めるのは、
空欄後ろの構成。

029. 正答 (A) if

STEP 1 選択肢を見よ！
(A) if、(B) what、(C) which、(D) or は、接続詞や疑問詞、関係代名詞の役割をする語です。「つなぎ語句」タイプの問題です。

STEP 2 空欄前後を見よ！
前は I would like to know です。後ろは you are interested in buying 〜で、構成要素がすべてそろっています。空欄以降の節が know の目的語となるので、名詞節を導く接続詞 (*18) が必要です。「〜かどうか」という意味になる (A) if が正答です。

STEP 3 問題文を分解せよ！

I would like to know
S　　　V

------- you are interested in buying one of our products.
　　　　　　　　　　　　　　O

空欄の後ろは、文の構成要素がそろっている節です。

訳　当社製品を 1 点、ご購入いただくことに興味をお持ちかどうか知りたいです。
(A) 接続詞「〜かどうか、もし〜ならば」
(B) 疑問詞「何」、先行詞を含む関係代名詞
(C) 疑問詞「どちら」、主格・目的格の関係代名詞
(D) 接続詞「〜または…」

+α　I would like to know if 〜「〜かどうか知りたい」

〜には節が入ります。TOEIC のあらゆるセクションで頻出する表現ですので、このまま覚えておくとよいです。この if は「〜かどうか」という意味で使われています。

030. ⦿Track 22

できたらチェック　1回目　2回目　3回目

Persons who are twenty-one years old or younger are ------- to the Earth Day exhibition free of charge.

(A) admit
(B) admitting
(C) admitted
(D) admits

練習問題　レベル1

『1問10秒』への道

be 動詞につなげられる動詞の形は何だ？
主語と動詞の関係がポイント。

030. 正答 (C) admitted

STEP 1 選択肢を見よ！

(A) admit、(B) admitting、(C) admitted、(D) admits は、動詞 admit の変化形です。「動詞の形」タイプの問題です。

STEP 2 空欄前後を見よ！

前は be 動詞の are です。(A) admit と (D) admits は be 動詞につなげることはできないので間違い。後ろの to the Earth Day exhibition ～の to に注目。動詞 admit は他動詞として SVO 型を構成する動詞で、〈admit ＋人〔物〕＋ to ＋場所〔イベントなど〕〉で「人〔物〕に場所〔イベントなど〕への入場を認める」という使い方があります。問題文では、この使い方が受動態 (*1e) になっていると考えられるので、過去分詞の (C) admitted を選びます。

STEP 3 問題文を分解せよ！

Persons who are twenty-one years old or younger are ------- to
            S   V

the Earth Day exhibition free of charge.

分詞を選ぶ問題は、態 (*1e) がポイントとなります。主語との関係を正しく把握することが大切です。

> **訳** 21 歳以下の方は「地球の日」展に無料でご入場いただけます。
> (A) 動詞 admit「～に入場を許可する、～を認める」の原形
> (B) 動詞 admit の -ing 形
> (C) 動詞 admit の過去形・過去分詞
> (D) 動詞 admit の 3 単現

+α free の使い方

free of charge「無料で」は日常的にもよく使われ、TOEIC のいろいろなセクションに頻出する表現です。for free「無料で」という形で使われることもあります。また、1 語だけでも「無料の」(形容詞)、「無料で」(副詞)の意味があります。

031. Track 23

できたらチェック　1回目　2回目　3回目

The cargo plane is ------- to arrive at London International Airport tomorrow.

(A) expect
(B) expected
(C) expecting
(D) expects

『1問10秒』への道

能動態か受動態か、それが問題だ。
この種の問題に慣れるべし。

031. 正答 (B) expected

STEP 1 選択肢を見よ！

(A) expect、(B) expected、(C) expecting、(D) expects は、動詞 expect の変化形です。「動詞の形」タイプの問題です。

STEP 2 空欄前後を見よ！

前は be 動詞の is、後ろは不定詞 to arrive です。選択肢の中で be 動詞につなげられる形は過去分詞か -ing 形のみです。expect は「〜を期待する」という意味。(C) expecting を入れると「その輸送機が〜を期待している」となり、意味が通りません。そのため、過去分詞の (B) expected を入れて受動態にします。

STEP 3 問題文を分解せよ！

The cargo plane is ------- to arrive at London International Airport
    S   V

tomorrow.

※ be expected to 〜「〜するはずである、〜することが期待されている」

be expected to 〜の表現は頻出なので、覚えておきましょう。

訳 明日、その輸送機はロンドン国際空港に着くことになっています。
(A) 動詞 expect「〜を期待する」の原形
(B) 動詞 expect「〜を期待する」の過去形・過去分詞
(C) 動詞 expect「〜を期待する」の -ing 形
(D) 動詞 expect「〜を期待する」の 3 単現

+α be expected to 〜のしくみ

expect は能動態で SVO 型を構成し、〈expect + O + to 〜〉で「O が〜するだろうと思う」という意味で使います。問題文は、この表現が受動態になったものです。また、似た表現に、be supposed to 〜「〜することになっている、本当は〜しなくてはならない」があります。suppose は能動態で SVO 型を構成し、〈suppose + O + to 〜〉で「O が〜すると思っている」という意味になります。be supposed to 〜は、これが受動態になったものです。

032. ◉Track 23

This water treatment system has been specially developed for this plant so it is quite ------- to maintain.

(A) expend
(B) expense
(C) expensively
(D) expensive

『1問10秒』への道

expen- まで同じということは「品詞」タイプの問題だ。
be 動詞につなげられ、意味が通るのはどれだ？

032.　正答 (D) expensive

STEP 1　選択肢を見よ！

(A) expend、(B) expense、(C) expensively、(D) expensive は、すべて expen- が共通部分です。「品詞」タイプの問題として取り組みましょう。

STEP 2　空欄前後を見よ！

まず、問題文の後半の it is ~ を見つけましょう。so 以下は、主語 it と述語動詞 be 動詞のある節であることがわかります。空欄は、この節の中にあります。空欄の前の quite は副詞なので、文の構成要素とはなりません。そして、be 動詞が構成するのは SVC 型です。ここまで来れば、空欄に入るのは補語の役目をする名詞の (B) expense か形容詞の (D) expensive の 2 つにしぼれます。ここからは、「文脈・語彙」タイプの問題として、意味の通る方を選びます。「維持するのに費用がかかる」の意味になる形容詞 (D) が正答です。

STEP 3　問題文を分解せよ！

This water treatment system has been specially developed for this plant so it is quite ------- to maintain.
　　　　　　　　　　　　　　　　　　S　V　　　　C

so 以下の it は This water treatment system を指しています。

訳　この水処理施設はこの工場のために特別に開発されているので、維持するのがとても高くつきます。

(A) 動詞 expend「(労力、時間、お金など)を費やす、使い尽くす」の原形
(B) 名詞「費用」、動詞「~を経費で落とす」の原形
(C) 副詞「費用をかけて」
(D) 形容詞「高価な、費用のかかる」

+α　expense と expend の違い

この問題の選択肢の expensive と expensively は expense の派生語です。expense は、名詞で「費用、出費、必要経費」、動詞で「~を必要経費で落とす」といった意味で、派生語もおもに金銭的な意味に使われます。それに対して、動詞 expend「~を費やす」は、金銭だけでなく「労力や時間などを費やす」という意味でも使います。

033.

The pharmaceutical company invented a new medicine but ------- effectiveness has yet to be clinically evaluated.

(A) it
(B) its
(C) him
(D) himself

『1問10秒』への道

選択肢と空欄の前後からポイントを見抜こう！
名詞の前に来る代名詞の格は？

033. 正答 (B) its

STEP 1 選択肢を見よ！

(A) it、(B) its、(C) him、(D) himself は、さまざまな格の代名詞や再帰代名詞です。これは「代名詞」タイプの問題です。

STEP 2 空欄前後を見よ！

前は接続詞 but です。後ろは名詞 effectiveness で、その後に述語動詞があります。空欄と effectiveness の２語で主語になっているとわかれば、名詞につけられる所有格が正答だとわかります。選択肢の中で所有格は (B) its だけです。

STEP 3 問題文を分解せよ！

The pharmaceutical company invented a new medicine but

------- effectiveness has yet to be clinically evaluated .
　　S　　　　　　　　　　　　V

※ have yet to ～「まだ～していない」

「空欄＋ effectiveness」が but の後ろの節の主語です。clinically「臨床的に」は副詞で be evaluated を修飾しています。

訳 その製薬会社は新薬を発明しましたが、その有効性はまだ臨床的に評価されていません。
(A) 代名詞の主格「それは」、目的格「それを」
(B) 代名詞の所有格「それの」
(C) 代名詞の目的格「彼を、彼に」
(D) 再帰代名詞「彼自身」

+α　pharmacy と pharmaceutical

pharmacy は名詞で「薬局、薬学」です。派生語の形容詞 pharmaceutical は「薬局の、薬学の、薬剤の」の意味で、後ろに company をつけると、pharmaceutical company「製薬会社」の意味になります。難しい単語ですが、付録 CD を聞いて発音も確認してみてください。

034. ⦿ Track 24

Our silverware products would make a unique and ------- gift for any occasion.

(A) memory
(B) memorize
(C) memorable
(D) memorably

『1問10秒』への道

unique と and に注目！
gift を修飾できる品詞は何？

034. 正答 (C) memorable

STEP1 選択肢を見よ！

(A) memory、(B) memorize、(C) memorable、(D) memorably は、すべて memor- が共通部分で、memory とその派生語です。「品詞」タイプの問題だとわかります。

STEP2 空欄前後を見よ！

前は接続詞 and、後ろは名詞 gift です。and の前は a unique です。and には「並列につなぐ」という役割があるので、空欄には unique と同じ形容詞が入ります。選択肢で形容詞は -able 語尾の (C) memorable です。

STEP3 問題文を分解せよ！

Our silverware products　would make　a unique and ------- gift
　　　　S　　　　　　　　　V　　　　　　　　C

for any occasion.

形容詞 unique と空欄が and で並列に並べられ、gift を修飾していることがわかりますね。この make は「～になる」の意味で SVC の文を作ります。

訳 当社の銀製品は、どのような機会においても、ユニークで思い出に残るギフトとなることでしょう。

(A) 名詞「記憶、思い出」
(B) 動詞 memorize「～を記憶する」の原形
(C) 形容詞「記憶すべき、忘れられない」
(D) 副詞「記憶すべきように」

+α 並列の「～ and …」を見抜く

並列構造を見抜くことは解答のスピードアップのためにとても重要なスキルです。例えば、desks and chairs （名詞 and 名詞）、live and work （動詞 and 動詞）のように、並列構造には同等の語句や節が続きます。そのため、上の問題のように、unique が形容詞とわかれば、ほかを読むまでもなく形容詞を入れるのだとわかります。and の前後に空欄があったら、このような観点でもチェックしてみましょう。

035.

No sooner did he arrive at the station ------- he realized he left his wallet at home.

(A) and
(B) or
(C) so
(D) than

『1問10秒』への道

選択肢だけではポイントは見えないぞ！
文頭を見て何かピンとこないか？

035. 正答 (D) than

STEP1 選択肢を見よ！

(A) and、(B) or、(C) so、(D) than は接続詞や前置詞などで、文や語句をつなぐ役割があります。一見、「つなぎ語句」タイプの問題にも見えます。

STEP2 空欄前後を見よ！

文頭の No sooner がキーワードです。これは「決まり文句」タイプの問題です。no sooner ～ than…「～するとすぐに…」という定型句を知っていれば、すぐに (D) than が正答だとわかります。

STEP3 問題文を分解せよ！

No sooner did he arrive at the station ------- he realized
　　　　　　　　　　　　　　　　　　　　　　　　　　　S　　V

he left his wallet at home.
　　　　　　O

No sooner の後ろは強調のため、次のようなしくみで倒置されています。
he arrived → he did arrive → did he arrive

訳 彼は駅に着くやいなや、家に財布を置いてきたことに気がつきました。
(A) 接続詞「～と…」
(B) 接続詞「～または…」
(C) 接続詞「だから」、副詞「そのように」
(D) 前置詞・接続詞「～よりも」

+α realize の使い方

「～を悟る、理解する」という意味と、「～を実現する」という意味があります。
- I realized the importance of eating nutritious food.
  私は栄養価の高い食べ物を食べることの重要性を悟りました。
- The company realized their expansion plan.
  その会社は拡張計画を実現しました。

036.

できたらチェック

Contrary to what everyone had expected, the final game of the company tennis tournament turned out to be very -------.

(A) excite
(B) exciting
(C) excited
(D) excitement

『1問10秒』への道

選択肢から「品詞」タイプの問題とわかる。
空欄の前に品詞を選ぶカギがある！

036. 正答 (B) exciting

STEP1 選択肢を見よ！

(A) excite、(B) exciting、(C) excited、(D) excitement は、すべて excit- が共通部分で、excite とその派生語です。「品詞」タイプの問題だとわかります。

STEP2 空欄前後を見よ！

前の very は副詞です。副詞が修飾するのは形容詞または副詞なので、名詞の (D) excitement は間違いです。(A) excite は動詞の原形なので be 動詞につなげることはできません。ここで、形容詞である (B) exciting か (C) excited の 2 つにしぼれます。この文の主語は人ではないので、「興奮させるような」という意味になる (B) exciting が正答です。

STEP3 問題文を分解せよ！

Contrary to what everyone had expected,

the final game of the company tennis tournament turned out to be
　　　　　　　　　　S　　　　　　　　　　　　　　　　　　　V

very -------.
　　　　C

※ turned out to be ～「～だとわかる、～になる」

very には形容詞の働きもありますが、形容詞の場合は通常〈the very ＋名詞〉で「まさにその～」という意味で使います。ここには the がないので very は副詞だと考えます。

訳 みんなの予想に反して、社内テニストーナメントの決勝戦はとても興奮するものになりました。

(A) 動詞 excite「～を興奮させる」の原形
(B) 形容詞「(人を)興奮させるような」
(C) 形容詞「興奮している」
(D) 名詞「興奮」

037. Track 26

できたらチェック 1回目 2回目 3回目

This website was ------- to help people find information on environmentally-friendly products more easily.

(A) create
(B) creates
(C) created
(D) creating

『1問10秒』への道

選択肢に -ing 形と過去形・過去分詞があれば、
たいてい「能動態 or 受動態」がポイントだ。

037. 正答 (C) created

STEP1 選択肢を見よ！

(A) create、(B) creates、(C) created、(D) creating は、動詞 create の変化形です。「動詞の形」タイプの問題です。

STEP2 空欄前後を見よ！

前は be 動詞の was です。(A) create と (B) creates は be 動詞につなげることができないので間違いです。(C) created か (D) creating かを決めるには、態（*1e）のポイントを考えます。-ing 形を入れると進行形、過去分詞を入れると受動態です。主語である This website は動詞 create の動作の対象なので、受動態が適当です。(C) created が正答となります。

STEP3 問題文を分解せよ！

<u>This website</u> <u>was -------</u> to help people find information on
　　S　　　　　 V

environmentally-friendly products more easily.

be 動詞の後ろにつなげられる動詞の変化形は、過去分詞・-ing 形・不定詞（to ＋動詞の原形）のうちのどれかなので、まずは消去法でしぼりこむとよいでしょう。

> **訳** このウェブサイトは、人々が環境に優しい製品に関する情報をより簡単に探すのをお手伝いするために作られました。
> (A) 動詞 create「～を創造する、作る」の原形
> (B) 動詞 create の３単現
> (C) 動詞 create の過去形・過去分詞
> (D) 動詞 create の -ing 形

038.

Many people came to the Colfax Art Fair ------- the bad weather.

(A) even though
(B) since
(C) whenever
(D) in spite of

『1問10秒』への道

選択肢の語句の役割をヒントに2つにしぼれる。
空欄後ろの語句の品詞もヒントだ。

038. 正答 (D) in spite of

STEP 1 選択肢を見よ！

(A) even though、(B) since、(C) whenever、(D) in spite of は、接続詞や前置詞で、文や語句をつなぐ役割があります。「つなぎ語句」タイプの問題として取り組みます。

STEP 2 空欄前後を見よ！

前は many people came to ～で SV 型の文の構成要素がそろっています。後ろは the bad weather という名詞句です。名詞句をつなげられるのは前置詞なので (B) since と (D) in spite of にしぼれます。ここから先は「文脈・語彙」タイプの問題として、意味の合う方を選ばなければなりません。「～にもかかわらず」の意味の (D) が正答です。

STEP 3 問題文を分解せよ！

Many people came to the Colfax Art Fair ------- the bad weather.
  S   V

空欄（in spite of）以降は、主となる節 Many people came to the Colfax Art Fair の補足情報を述べています。

訳 悪天候にもかかわらず、多くの人たちが Colfax Art Fair に来ました。
(A) 接続詞「たとえ～でも」
(B) 前置詞・接続詞「～以来」、接続詞「～だから」
(C) 接続詞「～するときはいつも」
(D) 前置詞「～にもかかわらず」

+α 覚えておきたい in spite of [despite] ～

3つの単語で構成されている前置詞で「～にもかかわらず」という意味です。同じ意味の前置詞に despite があります。「～だけれども」という意味の接続詞 even though や although と意味が似ているため、これらは同じ選択肢に含まれることが多いです。その際は、前置詞は後ろに名詞（句）、接続詞は後ろに節をとるということをポイントに取り組みましょう。

- Many people came to the art fair in spite of [despite] the bad weather.
- Many people came to the art fair even though [although] the weather was bad.

039. Track 27

------- the residents are happy about the proposed plan to construct a pool nearby.

(A) Much
(B) Much of
(C) Many
(D) Many of

『1問10秒』への道

the につなげられるのはどれだ？
residents（名詞）のチェックポイントは何だ？

039. 正答 (D) Many of

STEP 1 選択肢を見よ！

(A) Much、(B) Much of、(C) Many、(D) Many of は、すべて数量などに関する語句です。「注意すべき修飾語句」タイプの問題として取り組みましょう。

STEP 2 空欄前後を見よ！

後ろが the residents なので、空欄に入るのは the residents を修飾する語句です。名詞 residents に定冠詞 the がついているので、形容詞や名詞・代名詞、副詞を置くことはできません。「多くの」の意味になり、可算名詞の the residents につなげられる (D) Many of が正答です。(B) Much of は不可算名詞の量を表す語句なので間違いです。

STEP 3 問題文を分解せよ！

------- the residents are happy about the proposed plan to
　　　　 S　　　　　 V　　C

construct a pool nearby.

the residents の修飾語句を選ぶ問題なので、主語の部分だけ見ればよいことがわかります。

> **訳** 居住者の多くは近くにプールを建設するという計画案について満足しています。
> (A) 形容詞「多くの」(不可算名詞に使う)、代名詞「たくさんのもの」、副詞「とても」
> (B) much of ～で「～の多く」(不可算名詞に使う)
> (C) 形容詞「多くの」(可算名詞に使う)、代名詞「多くの人(物)」
> (D) many of ～「～の多く」(可算名詞に使う)

+α resident「居住者」の派生語

日常生活でもよく見かける単語です。例えば、permanent resident は「永住者」の意味です。名詞で residence「居住地、住宅」などを意味します。また、形容詞 residential「居住の」は、residential area「住宅地区」のように使います。また、動詞 reside「居住する」もあります。

040.

The personnel manager decided to hire the candidate ------- his qualifications.

(A) although
(B) whether
(C) because of
(D) that

『1問10秒』への道

his qualifications につながるものが正答。
まず、つなげられないものを消去すべし。

040. 正答 (C) because of

STEP 1 選択肢を見よ！
(A) although、(B) whether、(C) because of、(D) that は、接続詞、前置詞、関係代名詞として文や語句をつなぐ役割をします。「つなぎ語句」タイプの問題です。

STEP 2 空欄前後を見よ！
後ろが his qualifications という名詞句です。後ろに名詞句をつなげられるのは接続詞や関係代名詞ではなく前置詞です。選択肢の中で前置詞は (C) because of だけです。

STEP 3 問題文を分解せよ！

The personnel manager decided to hire the candidate ------- his
   S   V   O

qualifications.

空欄 (because of) から始まる句は、「人事部長がその応募者の採用を決めた」ことについての＜理由＞という補足情報を述べています。

訳 人事部長は資格を理由に、その志願者を採用することに決定しました。
 (A) 接続詞「〜だけれども」
 (B) 接続詞「〜かどうか」
 (C) 前置詞「〜のため」
 (D) 接続詞「〜ということ」、主格・目的格の関係代名詞

+α ＜理由＞について述べる前置詞・接続詞

前置詞では because of 〜、due to 〜、接続詞では because、since などがあります。「前置詞の後ろには名詞（句）、接続詞の後ろには節」というポイントでよく出題されるので、押さえておきましょう。

041.

The city of Lakewood has decided to place a suggestion box ------- the city hall building to gather opinions from the public about current municipal services.

(A) what
(B) whose
(C) where
(D) in front of

『1問10秒』への道

関係代名詞か関係副詞が答えと決めつけないこと。
意味を考え冷静に正答を選ぶこと。

041. 正答 (D) in front of

STEP 1 選択肢を見よ！
(A) what、(B) whose、(C) where、(D) in front of は、疑問詞、関係代名詞、関係副詞、前置詞で、文や語句をつなぐ役割をします。「つなぎ語句」タイプの問題です。

STEP 2 空欄前後を見よ！
空欄の後ろは the city hall building という名詞句です。文末まで見ても述語動詞がないため、疑問詞や関係詞は入りません。後ろに名詞句をつなげることができる前置詞の (D) in front of が正答です。

STEP 3 問題文を分解せよ！

<u>The city of Lakewood</u> <u>has decided</u> <u>to place a suggestion box</u>
　　　　S　　　　　　　　　V　　　　　　　　　　O

------- the city hall building to gather opinions from the public

about current municipal services.

空欄 (in front of) the city hall building は前置詞の後に名詞句が続き＜場所＞について、その次の to gather ～ about current municipal services は不定詞で＜理由＞について述べています。

訳 Lakewood 市は現在の市営サービスについて市民からの意見を集めるために、市庁舎の前に提案箱を設置することに決めました。

(A) 疑問詞「何」、先行詞を含む関係代名詞
(B) 疑問詞「誰の」、所有格の関係代名詞
(C) 疑問詞「どこで」、関係副詞
(D) 前置詞「～の前に」

+α city hall「市役所」

city office とも表現することもあるようです。hall には「大広間、集会場」などの意味があり、「市の集会場」という意味なので、市役所の意味になると覚えておくとよいです。また、「hall + way → hallway」とすると「通路、廊下」などの意味になります。

042.

The sales representative told us that many of his clients were able to cut down on costs by ------- their integrated management system.

(A) install
(B) installed
(C) installing
(D) installs

『1問10秒』への道

「動詞の形」の違いを確認!
前置詞の後ろにつけるとき、動詞は何形?

042. 正答 (C) installing

STEP 1 選択肢を見よ！

(A) install、(B) installed、(C) installing、(D) installs は、動詞 install の変化形です。「動詞の形」タイプの問題です。

STEP 2 空欄前後を見よ！

前は前置詞 by です。前置詞につなげられるのは、名詞と名詞の役割をするものなので、名詞の意味もある (A) install か、動名詞 (*15) の (C) installing です。空欄の後ろは名詞句の their integrated management system です。前置詞につなげることができ、名詞句を後ろにとることができるのは、他動詞である install の -ing 形 (動名詞) である (C) だけです。

STEP 3 問題文を分解せよ！

The sales representative told us that <u>many of his clients</u>
　　　　　　　　　　　　　　　　　　　　　S

<u>were able to cut down</u> on <u>costs</u> by ------- their integrated
　　　　V　　　　　　　　　　　O

management system.

空欄の後ろの their integrated management system は、installing の目的語です。

> **訳** その販売員は、彼らの統合経営システムを導入することで彼の顧客の多くがコストを削減することができると私たちに話しました。
>
> (A) 動詞 install「〜を導入する」の原形、名詞「インストール」
> (B) 動詞 install の過去形・過去分詞
> (C) 動詞 install の -ing 形
> (D) 動詞 install の３単現

+α 英語における男女の区別

sales representative は「販売員、営業担当」の意味です。日本語では「セールスマン、セールスレディ」などと言われることがありますが、英語では sales representative、sales person などのほうが一般的です。このように英語では男女とも同じ表現を使うことが増えており、steward/stewardess の代わりに flight attendant や cabin attendant が使われています。でも、waiter/waitress については現在も使われています。

043.

After you write a letter, proofread it to correct careless mistakes that you may have -------.

(A) done
(B) made
(C) been
(D) occurred

『1問10秒』への道

「文脈・語彙」タイプだと思い込む前に、
キーワードを探してみるべし。

043. 正答 (B) made

STEP 1 選択肢を見よ！

(A) done、(B) made、(C) been、(D) occurred は動詞の過去形や過去分詞です。同じような動詞の形なので、「文脈・語彙」タイプの問題かもしれません。しかし、do や make はイディオムの多い動詞です。問題文にキーワードがないか探してみましょう。

STEP 2 空欄前後を見よ！

前を見ると、that you may have があります。空欄は have の後ろなので、that 以降は、主語が you、述語動詞が「may have（過去分詞）」の節です。そして、この that 節には目的語がないので、前に来る名詞（句）を先行詞とする関係代名詞節であることがわかります。that の前の名詞は mistakes。「間違える」という意味のイディオム、make a mistake(s) を思いつけば、すぐに解答できますね。(B) made が正答です。

STEP 3 問題文を分解せよ！

After you write a letter, proofread it to correct careless mistakes
             V O（先行詞）

that you may have -------.

コンマの後ろの文は命令文なので主語(S)がありません。

訳 手紙を書いたら、読み直して不注意な間違いは直してください。
(A) 動詞 do「（～を）する」の過去分詞、助動詞 do の過去分詞
(B) 動詞 make「～を作る」の過去形・過去分詞
(C) be 動詞の過去分詞
(D) 動詞 occur「起こる」の過去形・過去分詞

+α　make mistakes[a mistake]「間違える」

動詞は do ではないので注意してください。反対語の「訂正する」も make corrections [a correction] とします。
・I made corrections to the document in red.
　私はその書類に赤字で訂正を加えました。

044. ⦿ Track 29　　できたらチェック　1回目 2回目 3回目

The lawyer told her client to read the contract ------- before signing it.

(A) carefully
(B) careful
(C) care
(D) careless

練習問題 レベル1

『1問10秒』への道

問題タイプは一瞬で見抜く。
そして、空欄に入る語がどの構成要素となるのかを見抜く。

044. 正答 (A) carefully

STEP 1 選択肢を見よ！

(A) carefully、(B) careful、(C) care、(D) careless は、すべて care- が共通部分で、care とその派生語です。そのため、「品詞」がポイントであることがわかります。

STEP 2 空欄前後を見よ！

後ろは前置詞 before で始まる句で、文の構成に関与していません。前は read the contract で、〈動詞＋目的語〉という構成ができています。そのため、ここでは read the contract を修飾することができる副詞の (A) carefully が正答だとわかります。

STEP 3 問題文を分解せよ！

The lawyer told her client to read the contract ------- before signing it.
　　S　　　V　　　O

tell は〈tell ＋人＋ to ～〉の形で、「人に～するように言う」という意味です。

訳 その弁護士は自分の顧客に、署名する前に契約書を注意深く読むようにと言いました。
(A) 副詞「注意深く」
(B) 形容詞「注意深い」
(C) 動詞 care「気遣う、～を気にする」の原形、名詞「心配、世話」
(D) 形容詞「不注意な」

+α careful と careless

-ful をつけると「～がある」という意味の形容詞になり、-less をつけると「～がない」という意味の形容詞になります
・**powerful**「力がある」、**powerless**「力がない」
・**painful**「痛みがある」、**painless**「痛みがない」
なお、必ずしも対になるとは限りません。例えば、beautiful「美しい」という単語はありますが、「beauti ＋ -less」はありません。

045.

Guests are asked to ------- in between 3:00 p.m. and 10:30 p.m. on the day of arrival.

(A) check
(B) checked
(C) checking
(D) checks

『1問10秒』への道

選択肢と空欄前後を見るだけで解けるぞ。
目標は3秒だ！

045. 正答 (A) check

STEP 1 選択肢を見よ！

(A) check、(B) checked、(C) checking、(D) checks は、動詞 check の変化形です。「動詞の形」タイプの問題です。

STEP 2 空欄前後を見よ！

前は Guests are asked to です。この問題文は、〈ask ＋人＋ to ～〉という構文の受動態なので、ここの to は不定詞（to ＋動詞の原形）の to です。そのため、空欄に入るのは動詞の原形である (A) check しかありません。

STEP 3 問題文を分解せよ！

Guests are asked to ------- in between 3:00 p.m. and 10:30 p.m. on
　S　　　　V
the day of arrival.

※ be asked to ～「～するように求められている」

〈ask ＋人＋ to ～〉「人に～するように求める」の受動態で、〈be asked to ～〉「～するように求められている」という表現は TOEIC 頻出です。

訳 宿泊客は、到着日は午後 3 時から 10 時半の間にチェックインするよう求められています。

(A) 動詞 check「～を確認する、照合する」の原形
(B) 動詞 check の過去形・過去分詞
(C) 動詞 check の -ing 形
(D) 動詞 check の 3 単現

+α 「お客様」の表現

guest は「招待された客、ホテルの宿泊客」などの意味です。「お客様」というと customer が一般的ですが、customer は guest より広い意味に使われ、「お店や会社などから物やサービスを買う人全般」のことを意味します。client もよく使われ、「有料サービスを利用するお客様」という意味として使われます。

046.

CSL Building Services Ltd. ------- building maintenance work of all kinds across the country.

(A) performance
(B) performs
(C) performer
(D) perform

『1問10秒』への道

まず、主語と述語動詞をチェック！
主語は CSL Building Services Ltd.。述語動詞は？

046.　正答 (B) performs

STEP 1　選択肢を見よ！

(A) performance、(B) performs、(C) performer、(D) perform は、すべて perform- が共通部分で、perform とその派生語などです。「品詞」タイプの問題だと推測できます。

STEP 2　空欄前後を見よ！

空欄の前に Ltd. とあるので、会社名だとわかります。後ろは building maintenance work「ビルメンテナンスの仕事」の意味で、ひと固まりの名詞句です。空欄前後に名詞句があり、その後に動詞がないので、ここには動詞が必要です。動詞は (B) performs と (D) perform ですが、主語が 3 人称単数なので、3 単現の -s がついている (B) が正答です。

STEP 3　問題文を分解せよ！

CSL Building Services Ltd. -------
　　　　S　　　　　　　　　　V

building maintenance work of all kinds across the country.
　　　　　　　　O

building maintenance work of all kinds が動詞の目的語となる名詞句です。主語が 3 人称単数であることが、正答を選ぶポイントとなります。

> **訳**　CSL ビルディングサービス社はあらゆる種類のビルメンテナンスを全国で行っております。
> (A) 名詞「成績、遂行」
> (B) 動詞 perform「〜を行う、実行する」の 3 単現
> (C) 名詞「演技者、実行者」
> (D) 動詞 perform の原形

+α　「会社」に関する単語

company 以外にもいくつかあります。その中の 1 つが Ltd. (Limited) です。limited は「限られている」という意味からも推察できるように、形容詞で「有限責任の」となり、「有限会社」や「株式会社」の名前の一部として使われます。ほかにも、Inc. (Incorporated)「法人会社の、有限責任の」もあります。

047.

Professor Itakura sometimes has her secretary ------- out an e-mail for her.

(A) send
(B) sent
(C) to send
(D) is sending

『1問10秒』への道

「主語＋ have ＋名詞＋空欄」
この have の使い方は何だ？

047. 正答 (A) send

STEP 1 選択肢を見よ！

(A) send、(B) sent、(C) to send、(D) is sending は、動詞 send の変化形です。「動詞の形」タイプの問題です。

STEP 2 空欄前後を見よ！

前は has her secretary、後ろは out an e-mail です。空欄に入れる動詞の形を選ぶには has が作る構文がポイントとなります。〈have ＋人＋動詞の原形〉で「人に～してもらう、させる」という使い方があるため、ここでは動詞の原形の (A) send を選びます。

STEP 3 問題文を分解せよ！

Professor Itakura sometimes has   her secretary   -------
　　　　S　　　　　　　　　　　　V　　　　O　　　　　　　C

out an e-mail for her.

訳　板倉教授は時々、自分の代わりに秘書に E メールを送らせています。

(A) 動詞 send「～を送る」の原形
(B) 動詞 send の過去形・過去分詞
(C) 動詞 send の不定詞
(D) 動詞 send の現在進行形

+α 「～してもらう」の表現

この問題のように、have には「(人に)～させる」という＜使役＞の使い方があります。このほか、get にも＜使役＞の使い方がありますが、構文が少し違います。下の文はどちらも「私は、あなたのご要望について当社の顧客サービス担当者より電話させます」という意味です。使役表現の have と get の構文の違いは文法のポイントになることがありますので、注意して覚えてください。

・I'll have our customer service representative call you about your request. 〈have ＋人＋動詞の原形〉
・I'll get our customer service representative to call you about your request. 〈get ＋人＋ to ＋動詞の原形〉

048.

The section chief asked ------- to come in one hour earlier than usual tomorrow.

(A) I
(B) my
(C) myself
(D) me

『1問10秒』への道

代名詞タイプは、動詞の働き方もカギ。
目的格か再帰代名詞かを選ぶ決め手は何だ？

048. 正答 (D) me

STEP 1 選択肢を見よ！

(A) I、(B) my、(C) myself、(D) me は、さまざまな格の代名詞や再帰代名詞です。「代名詞」タイプの問題です。

STEP 2 空欄前後を見よ！

前は動詞 asked、後ろは不定詞 to come ～です。ask は他動詞なので目的語が必要です。空欄には asked の目的語となる目的格 (D) me が入ります。再帰代名詞の (C) myself も目的語として入れることができますが、「再帰代名詞＝主語」でなければいけないので、主語 The section chief を受けることはできません。

STEP 3 問題文を分解せよ！

The section chief　asked　-------　to come in one hour earlier than
　　S　　　　　　　　V　　　　O

usual tomorrow.

※ ask ＋人＋ to ～「人に～するよう頼む」

前置詞の後に名詞句が続く in one hour ～ tomorrow は、「明日のどのような時間に来るのか」という補足情報を述べています。

訳 課長は私に、明日は通常よりも 1 時間早く来るように頼みました。
(A) 代名詞の主格「私は」
(B) 代名詞の所有格「私の」
(C) 再帰代名詞「私自身」
(D) 代名詞の目的格「私を、私に」

+α 会社の役職名

section chief は「課長」と訳されることがありますが、会社組織にはさまざまな形態があるため、日本語でいう課長と同一の地位とは限りません。ほかの役職名には、manager「部長、課長」や director「取締役」、executive「重役」、president「社長」、vice president「副社長」、CEO (chief executive officer の略)「最高経営責任者」などがあります。

128

049.

The application form for this year's scholarship must arrive ------- the end of the month.

(A) by
(B) until
(C) because
(D) when

『1問10秒』への道

似た意味の語の細かい違いを
おろそかにしてはいけない。

049. 正答 (A) by

STEP 1 選択肢を見よ！
(A) by、(B) until、(C) because、(D) when は、前置詞、接続詞、関係副詞など、文や語句をつなぐ役割をする語です。「つなぎ語句」タイプの問題です。

STEP 2 空欄前後を見よ！
後ろは the end of the month という名詞句なので、前置詞の (A) by か (B) until にしぼれます。ここからは、「文脈・語彙」タイプの問題です。空欄の前の must arrive がこの問題文の述語動詞で「着かなくてはならない」という意味なので、「～までに」という＜期限＞の意味になる (A) by が正答です。

STEP 3 問題文を分解せよ！

The application form for this year's scholarship　must arrive　-------
　　　　　　　　　S　　　　　　　　　　　　　　　　　　V

the end of the month.

arrive が構成する SV 型の文で、空欄 (by) から始まる句は＜期限＞についての補足情報を述べています。

> **訳**　今年の奨学金の申込書は、月末までに到着しなければなりません。
> (A) 前置詞「～までに、によって」
> (B) 前置詞「～まで」、接続詞「～するまで」
> (C) 接続詞「なぜならば」
> (D) 疑問詞「いつ」、関係副詞、接続詞「～するときに」

+α application のいろいろな使い方

「申込(書)」「適用(されたもの)」「塗り薬」「(コンピュータの)アプリケーション」のように広い意味に使われる単語です。動詞は apply ですが、apply for ～とすると「～に応募する」という意味になります。apply には「～を適用する」という他動詞の使い方もあり、「(薬など)を塗る」の意味にも使います。

050. Track 32

One of the features of the Evergreen Resort Hotel is its roof top restaurant where you can enjoy watching ------- of stars twinkling in the sky on a clear night.

(A) hundred
(B) hundreds
(C) thousand
(D) million

『1問10秒』への道

選択肢をよく見よう！
違いは一目瞭然。

050. 正答 (B) hundreds

STEP 1 選択肢を見よ！

(A) hundred、(B) hundreds、(C) thousand、(D) million は、数を意味する形容詞や名詞です。「注意すべき修飾語句」タイプの問題として取り組みましょう。

STEP 2 空欄前後を見よ！

前は動名詞(*15)の watching、後ろは of stars です。空欄以降は watch(ing)「〜を見る(こと)」の目的語になる名詞句となります。選択肢の中で、stars「星」の数を表し、of につなげられるのは (B) hundreds です。

STEP 3 問題文を分解せよ！

One of the features of the Evergreen Resort Hotel is its roof top restaurant where <u>you</u> <u>can enjoy</u> <u>watching ------- of stars twinkling</u>
　　　　　　　　　　　　　　　　　　　　S　　　V　　　　　　　　　　O

<u>in the sky on a clear night.</u>

目的語の中に動詞の -ing 形が 2 つあります。watching は動名詞で「〜を見ること」という意味です。twinkling は現在分詞(*3c)で「輝いている」という意味の形容詞として働き、stars を後ろから修飾しています。

訳 Evergreen Resort Hotel の特徴の 1 つは屋上レストランで、そこでは、晴れた夜に空に輝く数百もの星を見るのを楽しむことができます。

(A) 名詞・形容詞「百(の)」
(B) hundreds of 〜で「何百もの〜、多数の〜」
(C) 名詞・形容詞「千(の)」
(D) 名詞・形容詞「百万(の)」

+α 数字の表現

hundreds of 〜は「何百もの〜、多数の〜」の意味になります。数字そのものを意味する場合は複数形にはなりません。そのため、Two hundred people attended the seminar.「200 人の人がセミナーに参加しました」のようにします。thousand「千(の)」、million「百万(の)」、billion「10 億(の)」なども同様です。

051.

Manufacturers should ------- potential buyers of any risks associated with buying their products.

(A) inform
(B) information
(C) informative
(D) informant

『1問10秒』への道

選択肢と空欄前後だけで解ける問題だ。
文の長さは関係ない！

051. 正答 (A) inform

STEP1 選択肢を見よ！

(A) inform、(B) information、(C) informative、(D) informant は、すべて inform- が共通部分で、inform とその派生語です。「品詞」タイプの問題だとわかります。

STEP2 空欄前後を見よ！

前は助動詞（*1f）should、後ろは potential buyers です。この段階で、助動詞に動詞がついていなことがわかるので、動詞の原形である (C) inform を選ばなければなりません。

STEP3 問題文を分解せよ！

Manufacturers should ------- potential buyers of any risks
　　　S　　　　　V　　　　　　　　O

associated with buying their products.

どのような動詞が入るのかわからないと、動詞の後ろが目的語（O）なのか補語（C）なのか判断できませんが、「Manufacturers = potential buyers」とは考えにくいので、SVO 型となると考えられます。

訳 製造業者は潜在的な買い手に、彼らの商品を買うことに関連して生じるいかなるリスクについても知らせるべきです。

(A) 動詞 inform「知らせる、～を知らせる」の原形
(B) 名詞「情報」
(C) 形容詞「情報を提供する」
(D) 名詞「情報提供者」

+α 人を意味する語尾 -ant

-ant は形容詞の brilliant「きらきら輝く」のように形容詞を作る語尾として見かけることが多いですが、informant では人を意味する名詞語尾となっています。ほかにも、applicant「応募者」、attendant「付添人」、occupant「占有者」などがあります。人を意味する語尾としては、ほかに -er、-ist などがよく知られていますが、-ant も、ぜひ覚えておいてください。

052.

We are hoping the flight to Anchorage will depart on schedule ------- it takes longer than expected to clear the runway of snow.

(A) unless
(B) if
(C) with
(D) without

『1問10秒』への道

空欄の後ろの構成を見て選択肢をしぼろう！
その後は文脈理解が必要。

052. 正答 (A) unless

STEP 1 選択肢を見よ！

(A) unless、(B) if、(C) with、(D) without は、接続詞や前置詞で、文や語句をつなぐ役割があります。「つなぎ語句」タイプの問題として取り組みましょう。

STEP 2 空欄前後を見よ！

少し複雑な構成の文です。空欄の前の the flight 〜 on schedule と、後ろの it takes 〜 of snow は構成要素がそろった完成した節です。節と節をつなぐのは接続詞なので、(A) unless か (B) if の２つにしぼれます。ここからは、「文脈・語彙」タイプの問題として意味が通る方を選ばなければなりません。「もし〜でなければ」の意味の (A) が正答です。

STEP 3 問題文を分解せよ！

We are hoping the flight to Anchorage will depart on schedule
　　　　　　　　　　S　　　　　　　　　　V

------- it takes longer than expected to clear the runway of snow.
　　　　S　V　　O

※〈it takes +時間+ to 〜〉「〜するのに（時間が）かかる」

空欄を含む the flight 〜 of snow が、We are hoping の目的語になっています。

訳　滑走路の除雪に想定以上の時間がかからなければ、Anchorage 行きの便は予定通り出発すると期待しております。

(A) 接続詞「もし〜でなければ」
(B) 接続詞「もし」
(C) 前置詞「〜と一緒に」
(D) 前置詞「〜なしで」

053. Track 34

できたらチェック 1回目 2回目 3回目

Mr. and Mrs. Chung ------- hire a baby-sitter to take care of their children.

(A) occasionally
(B) occasional
(C) occasion
(D) occasions

『1問10秒』への道

文の構成要素はそろっているか。
そろっていたら、入る品詞は1つしかない。

053. 正答 (A) occasionally

STEP 1 選択肢を見よ！

(A) occasionally、(B) occasional、(C) occasion、(D) occasions は、すべて occasion- が共通部分で、occasion とその派生語や複数形です。「品詞」タイプの問題です。

STEP 2 空欄前後を見よ！

前は固有名詞の Mr. and Mrs. Chung、後ろは hire a baby-sitter です。空欄部分がなくても文の構成要素がそろっているので、空欄に入るのは副詞の (A) occasionally だとわかります。

STEP 3 問題文を分解せよ！

Mr. and Mrs. Chung ------- hire a baby-sitter to take care of their children.
　　　　S　　　　　　　　　　V　　　　O

hire を述語動詞とする SVO 型の文として必要な構成要素はすべてそろっています。そのため、情報を補足することができる副詞が正答です。

> **訳** Chung 夫妻は子どもたちの世話をしてくれるベビーシッターを時々雇っています。
> (A) 副詞「時々」
> (B) 形容詞「時折の」
> (C) 名詞「場合、機会」
> (D) 名詞の複数形

+α 主語と動詞の間に入るもの

主語と述語動詞の間に入れられることができるのは副詞だけです。今回の問題も Mr. and Mrs. Chung が主語、hire が動詞とわかれば、残りの部分を読まなくてもすぐに副詞だとわかります。このように、必要なところだけを理解して問題を短時間で解くことも、TOEIC でスコアアップをするためにはとても重要なことです。

054. Track 34

できたらチェック　1回目　2回目　3回目

We will send ------- membership card to you as soon as we can.

(A) you
(B) your
(C) yourself
(D) yours

『1問10秒』への道

send の後ろだからって、目的格とは限らないぞ！
冷静に空欄前後をチェック！

054. 正答 (B) your

STEP 1 選択肢を見よ！

(A) you、(B) your、(C) yourself、(D) yours は、さまざまな格の代名詞や再帰代名詞です。「代名詞」タイプの問題です。

STEP 2 空欄前後を見よ！

前は will send、後ろは membership card です。card は可算名詞(*2b)の単数形ですが冠詞がついていないので、所有格 (B) your が入ることがわかります。send は SVO 型か SVOO 型を構成する動詞ですが、後ろに to you があるので、ここでは目的格 (A) you を選ばないよう気をつけましょう。

STEP 3 問題文を分解せよ！

We will send ------- membership card to you as soon as we can.
　S　　V　　　　　　　　O

We will send you your membership card ～と並べると SVOO 型になりますが、ここでは、to you が後ろに来て SVO 型になっています。

> 訳　できるだけ早く、メンバーカードをお送りします。
> (A) 代名詞の主格「あなた(たち)は」、目的格「あなた(たち)を〔に〕」
> (B) 代名詞の所有格「あなた(たち)の」
> (C) 再帰代名詞「あなた自身」
> (D) 所有代名詞「あなた(たち)のもの」

+α SVOO 型の文型となる send の注意点

〈send + O_1 + O_2〉は〈send + O_2 + for + O_1〉We will send your membership card for you. とすることも形の上では可能です。ただし、この場合は、「私たちはあなたの代わりにあなたのメンバーカードを送ります」という意味になるので、〈send + O_1 + O_2〉と同じ意味にはなりません。

055. ● Track 35

できたらチェック　1回目 2回目 3回目

Guests may be asked ------- move to another room in the event of an emergency.

(A) to
(B) for
(C) of
(D) that

『1問10秒』への道

move の品詞は何だ？
だから、空欄に入るのはどれだ？

055. 正答 (A) to

STEP 1 選択肢を見よ！
(A) to、(B) for、(C) of、(D) that は、前置詞や接続詞などで、文や語句をつなぐ役割があります。一見、「つなぎ語句」タイプの問題にも見えます。

STEP 2 空欄前後を見よ！
前に be asked、後ろに動詞の原形 move があります。be asked to 〜「〜するように頼まれる」という表現を知っていれば、すぐに (A) to が正答だとわかります。念のため意味を確認すれば確実です。

STEP 3 問題文を分解せよ！

Guests　may be asked ------- move to another room in the event of
　S　　　　　V

an emergency.

この表現は受動態 (*1e) ですが、能動態 (*1e) の〈ask ＋人＋ to 〜〉で「人に〜するように頼む」という表現もよく出題されます。

訳　緊急時、お客様にはほかの部屋への移動をお願いする場合があります。
(A) 前置詞「〜へ」
(B) 前置詞「〜のために」、接続詞「というわけは」
(C) 前置詞「〜の」
(D) 接続詞「〜ということ」、主格・目的格の関係代名詞

+α in the event of an emergency「緊急時は」

緊急を想定する際に使われる表現です。また、in the event of の場合は後ろに名詞、in the event that の場合は後ろに節をつけます。in the event that something goes wrong とすると「何かがうまくいかなかった場合」という意味になります。

056.

The Purchasing Manager has ------- decided to change the supplier for the next order.

(A) already
(B) still
(C) yet
(D) ever

『1問10秒』への道

選択肢はすべて副詞。
文脈を把握せよ！

056. 正答 (A) already

STEP1 選択肢を見よ！

(A) already、(B) still、(C) yet、(D) ever は、時間に関する意味を持つ副詞です。文脈に合った表現となるよう、選ばなければなりません。「文脈・語彙」タイプの問題です。

STEP2 空欄前後を見よ！

前は has、後ろは decided です。〈has ＋過去分詞〉となっているため、現在完了形（*07）であることがわかります。現在完了形では「〜を決めた（その決定が現在も有効である）」の意味になります。「〜をすでに決めた」とすれば意味が通ります。

STEP3 問題文を分解せよ！

The Purchasing Manager　has ------- decided
　　　　　S　　　　　　　　　　　V

to change the supplier for the next order.
　　　　　　　　　O

decide が SVO 型の文を構成しています。

訳 購買部長はすでに、来年の供給業者を変更することを決めました。
(A) 副詞「すでに」
(B) 副詞「まだ（〜が続いている）」
(C) 副詞「もう（し〜ましたか）、まだ（〜していない）」
(D) 副詞「常に、これまでに、いつか」

+α　already と still と yet の違い

already：何かがすでに起こっている、ある状況がすでに始まっている
・We have already discussed the matter.
　その件についてはすでに議論しました。

still：以前からの状況に変化がない。肯定文で用いられることが多く「継続」を表す。
・I still live in Kisarazu.
　私はまだ木更津に住んでいます。

yet：否定文で何かがまだ起こっていない、ある状況が始まっていない
　　疑問文で何かが起こったかどうか
・We have not eaten yet.
　まだ、私たちは食事をしていません。
・Have you called Mr. Tanaka yet?
　田中さんにはもう電話しましたか。

057.

The economist believes the real estate market is growing ------- the sales of urban houses have been improving since last year.

(A) due to
(B) although
(C) because
(D) despite

『1問10秒』への道

選択肢は前置詞と接続詞。
この2つの区別はTOEIC文法問題に頻出！

057. 正答 (C) because

STEP 1 選択肢を見よ！

(A) due to、(B) although、(C) because、(D) despite は前置詞や接続詞などで、文や語句をつなぐ役割があります。「つなぎ語句」タイプの問題として取り組みましょう。

STEP 2 空欄前後を見よ！

文頭から空欄の前、The economist 〜 growing までに文の構成要素がそろっており、完成しています。また、空欄の後ろから文末 the sales 〜 last year も、完成した文です。よって、空欄には文と文をつなぐ接続詞が入るので、(B) although と (C) because の２つにしぼれます。ここからは「文脈・語彙」タイプの問題として、文脈に合う表現になるものを選ばなければなりません。「〜なので」の意味の (C) が正答です。

STEP 3 問題文を分解せよ！

The economist　believes　the real estate market is growing -------
　　S　　　　　　　V　　　　　　　　　O

the sales of urban houses　have been improving　since last year.
　　　　S　　　　　　　　　　　V

分解すると、空欄前後にそれぞれ構成要素がそろった文があるとわかります。２つの接続詞にしぼった後は、文全体から意味を読み取らなければなりません。

訳 都市部の住宅販売が昨年から改善しているので、その経済学者は不動産市場が成長していると考えています。

(A) 前置詞「〜のために、の原因で」
(B) 接続詞「〜だけれども」
(C) 接続詞「〜なので」
(D) 前置詞 despite「〜にもかかわらず」

058. ⊙ Track 36

Building material prices ------- dramatically in a very short period of time last year.

(A) rise
(B) rises
(C) rose
(D) risen

『1問10秒』への道

時制の異なる動詞が並ぶ。
時制を決められるキーワードを探せ！

058. 正答 (C) rose

STEP 1 選択肢を見よ！

(A) rise、(B) rises、(C) rose、(D) risen は、動詞 rise の変化形です。「動詞の形」タイプの問題です。

STEP 2 空欄前後を見よ！

前は Building material prices と複数形の名詞句です。後ろは、副詞 dramatically から文末まで見ても述語動詞がないので、空欄には述語動詞として入れることができる形を選びます。文末を見てみると、last year と過去のことであることを示す語句があるため、過去形の (C) rose が正答です。

STEP 3 問題文を分解せよ！

Building material prices ------- dramatically in a very short period of time last year.
　　　　S　　　　　　　　　　V

自動詞 rise が構成する SV 型の文です。

訳 建物資材の値段は、昨年の短期間の間に劇的に上昇しました。
(A) 動詞 rise「上がる」の原形
(B) 動詞 rise の３単現
(C) 動詞 rise の過去形
(D) 動詞 rise の過去分詞

+α 紛らわしい rise と raise

自動詞 rise はよく他動詞 raise「〜を上げる」と対比して出題されます。これはとても重要なポイントで、動詞の変化も覚えておく必要があります。
rise は rise-rose-risen と不規則変化をします。raise は規則変化をするため、過去形・過去分詞は raised です。

059. ◎ Track 37

できたらチェック　1回目 2回目 3回目

The manager of the apartment ------- agreed to repair the sink in our room.

(A) has yet to
(B) have already
(C) still
(D) finally

練習問題 レベル1

『1問10秒』への道

「動詞の形」か「文脈・語彙」か？
まずは、選択肢をしぼるため「動詞の形」でアプローチ。

059. 正答 (D) finally

STEP 1 選択肢を見よ！

(A) has yet to、(B) have already、(C) still、(D) finally は、「動詞＋副詞」の形や、副詞などです。動詞があるので、まずは、「動詞の形」タイプの問題として取り組みましょう。

STEP 2 空欄前後を見よ！

前にある The manager of the apartment が主語です。これは 3 人称単数なので、(B) have already は入りません。また、後ろは agreed（過去形か過去分詞）です。(A) has yet to は後ろに動詞の原形が続くので、これも不適切です。残りの 2 つの副詞は、文脈に合った意味のものを選ばなければなりません。ここからは「文脈・語彙」タイプの問題です。「ついに」の意味の副詞 (D) finally を入れます。

STEP 3 問題文を分解せよ！

The manager of the apartment ------- agreed
　　　　　S　　　　　　　　　　　　　　V

to repair the sink in our room.
　　　　　　O

文の構成から考えても、要素がすべてそろっているので、空欄に入るのは副詞だとわかります。

訳 アパートの管理人は、私たちの部屋の流しを修理することにようやく合意しました。
(A) 〈have[has] yet to ＋動詞の原形〉で「まだ〜していない」
(B) 現在完了形の have ＋副詞「すでに〜した」
(C) 副詞「まだ（〜が続いている）」
(D) 副詞「ついに、とうとう」

＋α 家庭用品の呼び方

sink は「(台所などの) 流し」です。このほか、家の中の物や場所などを意味する単語には、blender「ミキサー」、microwave oven「電子レンジ」、percolator「パーコレーター (コーヒーメーカーの種類)」、stove「(調理用) コンロ」、kettle「やかん」、refrigerator「冷蔵庫」、dish washing machine「皿洗い機」、vacuum cleaner「掃除機」などがあります。

060.

The meeting went ------- out of control after the CEO announced the plan to merge with another company.

(A) totally
(B) total
(C) totalize
(D) totalitarian

『1問10秒』への道

述語動詞が went（go）なので、文型は SV 型。
空欄後ろの out of control を修飾するのはどれだ？

060. 正答 (A) totally

STEP 1 選択肢を見よ！

(A) totally、(B) total、(C) totalize、(D) totalitarian は、すべて total- が共通部分で、total とその派生語です。「品詞」タイプの問題です。

STEP 2 空欄前後を見よ！

The meeting が主語、went が述語動詞です。空欄の前までで、SV 型の文が完成しています。また、空欄の後ろの副詞句 out of control を修飾する、という点からも、副詞の (A) totally が正答だとわかります。

STEP 3 問題文を分解せよ！

The meeting went ------- out of control after the CEO announced
    S   V

the plan to merge with another company.

went（自動詞 go の過去形）は SV 型をとります。went ------- out of control〈動詞＋副詞句〉となっていますが、この out of control を修飾できる単語を選びましょう。

> **訳** CEO がほかの会社との合併計画について発表した後、その会議はすっかり収拾がつかなくなってしまいました。
> (A) 副詞「すっかり」
> (B) 形容詞「全部の、全体的な」
> (C) 動詞 totalize「合計する」の原形
> (D) 名詞「全体主義者」、形容詞「全体主義の」

『1問10秒』を実践

練習問題　レベル2
061. - 120.

タイプを見分けにくい問題や、
文の構成が複雑な問題もあります。
効率よく解き進め、
『1問10秒』の実践を目指しましょう。

Column

問題タイプの混合タイプ

本書では、問題タイプを7つに分けています。

でも、実際のテストでは、
すっきり分類できる問題ばかりではありません。
いろいろな問題タイプが組み合わさった混合タイプも多く出題されます。

練習問題レベル2では、
「問題タイプの混合タイプ」を多く取り上げています。
選択肢からある程度問題タイプを推測し、
文法ポイントをしっかり確認しながら取り組みましょう。

☑「文脈・語彙」タイプとの混合タイプ
実際のテストでは、「文脈・語彙」タイプの問題が多いと言われます。けれども、文法的アプローチで少なくとも2つの選択肢にしぼれることが少なくありません。また、「決まり文句」タイプの可能性もあります。知っているキーワードがないか探してみましょう。

☑「動詞の形」タイプ同士の混合タイプ
「時制」と「態」の混合タイプはよく出題されます。この2つの混合タイプに限らず、「動詞の形」タイプの問題は、「時制」「態」「主述の一致」という3つのポイントを手際よくチェックしていくと、選択肢がしぼれてくることが多いです。

061. ⊕ Track 38

できたらチェック　1回目 2回目 3回目

As soon as Ms. Tang returned to her office from the monthly sales meeting, she called a meeting ------- the sales of the new product.

　(A) regard
　(B) regarded
　(C) regarding
　(D) in regard

『1問10秒』への道

動詞の -ing 形は慣用表現が多い。
前置詞の役割をするものもあるぞ。

練習問題　レベル2

155

061. 正答 (C) regarding

STEP 1 選択肢を見よ！

(A) regard、(B) regarded、(C) regarding、(D) in regard は、動詞 regard のいろいろな形です。「動詞の形」タイプの問題として取り組みましょう。また、regard には名詞の意味もあり、regarded や regarding は分詞の形の形容詞としての働きもあるので、「品詞」タイプの問題としてのポイントにも注意しましょう。

STEP 2 空欄前後を見よ！

前は she called a meeting、後ろは the sales です。前は SVO 型の文の構成要素がそろっています。また、後ろに名詞があるので、空欄には不定詞、分詞、前置詞の役割をするものが入ります。ここで、文脈を確かめましょう。the sales of the new product の前について、「〜に関して」という意味の前置詞として使われる (C) regarding が正答です。

STEP 3 問題文を分解せよ！

As soon as Ms. Tang returned to her office from the monthly sales meeting, she called a meeting ------- the sales of the new product.
　　　　　　　　　　　　　　　　　 S　　V　　　　O

動詞 call は、SVOO 型の文型で「〜を…とよぶ」という使い方もありますが、この問題文の目的語は a meeting なので、「(会議など) を招集する」という意味です。

> **訳** Tang さんは月次営業会議から執務室に戻るやいなや、新製品の販売についての会議を招集しました。
>
> (A) 動詞 regard「〜を・・・と考える」の原形、名詞「配慮、関係」
> (B) 動詞 regard の過去形・過去分詞
> (C) 動詞 regard の -ing 形、前置詞「〜に関して」
> (D) 前置詞＋名詞

+α regard のいろいろな使い方

regard A as B 「A を B と考える」
・Everyone regarded him as a good singer.
　みんな彼のことをよい歌手だと思っていた。
in regard to 〜 「〜に関して」

郵 便 は が き

料金受取人払郵便

新宿北支店承認

9319

差出有効期間
平成25年1月
31日まで

169-8790

152

東京都新宿区高田馬場
1-30-5 千寿ビル6F

テイエス企画㈱ 出版部 行

フリガナ		19 年 月 日生
お名前		男・女（ 歳）
ご住所・連絡先	〒 TEL（ ） -	勤務先(社会人のみ記入) TEL（ ） -
E-mail		
出身校 または 在籍校		□高校 □短大 □在籍（ ）学年 □専門学校 □卒業(H ）年 □大学 □大学院
英語 資格 試験	●TOEIC 現在（ 点）目標（ 点） ●TOEFL 現在（ 点）目標（ 点） ●英検 現在（ 級）目標（ 級） ●その他 現在（ ）目標（ ）	

ご購読ありがとうございます。読者の皆様には受験に役立つ以下のサービスを提供させていただいています。

● お買上いただいた本の名前

● よろしければ以下のアンケートにお答えください

① TOEIC受験のご予定がある方:受験予定日(　　　　　　)
② TOEIC受験の目的:□ 国内大学院対策 □ 国内大学対策
　　□ 英語資格として □ その他(　　　　　　　　　　)
④ TOEIC以外に試験対策をお考えですか？(　　　　　　)
⑤ TOEIC形式レベルチェックテスト、カウンセリングのご希望
　　□テスト　□カウンセリング　(　　　月　　　日)

※ご来校校舎は下のパンフレットご請求欄の「希望校舎」にチェックしてください。

● ご質問・ご意見がございましたらご記入ください。

パンフレットをご請求の方は希望されるものをチェックしてください。

	●希望校舎●	
□ 留学総合コース(大学・大学院・交換留学・高校留学)	□ 高田馬場	□ 池袋
□ 試験対策コース(TOEFL・SAT・GRE・GMAT・TOEIC)	□ 四谷	□ 渋谷
□ 一般英会話・ビジネス英語・就職対策英語	□ 立川	□ 調布
□ 国内大学院受験コース(法科大学院・大学院)	□ 町田	□ 横浜
□ 国内大学受験コース(高卒生・高校生・帰国子女・中学生英語)	□ 藤沢	□ 大宮
□ 私大公開模試(早稲田国際教養・上智・ICU)	□ 船橋	□ 大阪
□ Web＆ビデオ講座(留学準備・国内受験・TOEFL・TOEIC等)		

062.

With the unemployment rate improving for the past six months, it's safe to assume we will soon see more signs of the ------- recovery.

(A) economy
(B) economic
(C) economical
(D) economist

『1問10秒』への道

recovery（名詞）を修飾できるのはどれだ？
品詞だけでは決定できないぞ！

062. 正答 (B) economic

STEP 1 選択肢を見よ！

(A) economy、(B) economic、(C) economical、(D) economist は、すべて econom- という共通部分があり、economy とその派生語です。同じ品詞のものもありますが、まずは「品詞」タイプの問題として取り組みましょう。

STEP 2 空欄前後を見よ！

前は the、後ろは recovery です。後ろの名詞を修飾する形容詞が答えになります。選択肢にある形容詞は (B) economic と (C) economical です。ここからは、文脈で判断する「文脈・語彙」タイプの問題です。「経済の」の意味になる (B) economic が正答です。

STEP 3 問題文を分解せよ！

With the unemployment rate improving for the past six months, it's

safe to assume we will soon see more signs of the ------- recovery.
                 S   V   O

assume の後ろは、接続詞 that が省略された that 節です。that 節内の述語動詞は will see で、副詞の soon が間に入っています。

訳 過去6カ月にわたり失業率が改善しているので、間もなく、より多くの経済回復の兆候が見えてくると考えて差し支えないでしょう。

(A) 名詞「経済」
(B) 形容詞「経済の」
(C) 形容詞「(無駄遣いをしない)経済的な」
(D) 名詞「経済学者」

063.

We performed a monthly checkup last week and found serious damage on the inner surface of the furnace; however, we cannot clarify what has caused the damage unless a ------- investigation is performed.

(A) though
(B) through
(C) thorough
(D) thoroughly

『1問10秒』への道

似てるけど違うぞ！
冠詞と名詞の間に入るのはどれだ？

063. 正答 (C) thorough

STEP 1 選択肢を見よ！
(A) though、(B) through、(C) thorough、(D) thoroughly は、何かの派生語ではありませんが、スペルの似た紛らわしい単語です。それぞれ品詞が異なるので、「品詞」タイプ、または「文脈・語彙」タイプの問題として取り組みましょう。

STEP 2 空欄前後を見よ！
空欄の前は冠詞 a、後ろは名詞 investigation です。名詞に名詞をつなげることもできますが、選択肢には名詞はないため、名詞を修飾する形容詞 (C) thorough が答えになります。

STEP 3 問題文を分解せよ！

We performed a monthly checkup last week and found serious

damage on the inner surface of the furnace; however, we cannot

clarify what has caused the damage unless a ------- investigation
                               S

is performed.
V

複雑な構成の長い文ですが、問題を解くために必要なのは、最後の unless 節だけです。

訳 当社は先週、月次点検を行いましたところ、炉の内部表面に深刻な損傷を見つけました。しかしながら、何が損傷を引き起こしたかにつきましては、徹底的な調査を行わない限り明らかにすることはできません。

(A) 接続詞「～だけれども」
(B) 前置詞「～を通じて」
(C) 形容詞「徹底的な」
(D) 副詞「徹底的に」

064.

All employees at this factory are paid on a weekly ------- and are required to submit a time card signed by the supervisor to verify hours worked.

(A) base
(B) basic
(C) basin
(D) basis

『1問10秒』への道

一見「品詞」タイプの問題だが、それだけでは解けない。
あの「決まり文句」を知らないなら、
時間をかけずにパス！

064. 正答 (D) basis

STEP 1 選択肢を見よ！
(A) base、(B) basic、(C) basin、(D) basis は、base とその派生語のようで、一見「品詞」タイプの問題のように見えます。

STEP 2 空欄前後を見よ！
前は on a weekly、後ろは and are required ～です。「品詞」タイプとすると、前に a があるので、形容詞の (B) basic は誤りだとわかります。ここで、文脈をざっと考えてみると、on a weekly と空欄で、「週 1 回の頻度で」という意味になるとよいことがわかります。on a weekly basis という表現を知っていれば解けます。「決まり文句」と「文脈・語彙」タイプの混合型問題です。正答は (D) basis です。

STEP 3 問題文を分解せよ！

All employees at this factory　are paid　on a weekly ------- and
　　　　　S　　　　　　　　　　　V

are required to submit a time card signed by the supervisor to
　V

verify hours worked.

and をはさんで、1 つの主語に 2 つの述語動詞がつながっています。

> 訳　この工場の全従業員は週単位で支払いを受けており、また、労働時間を確認するため、上司に署名してもらったタイムカードを提出することが義務づけられています。
>
> (A) 名詞「基礎」、動詞「～の基礎を築く」
> (B) 形容詞「基礎の」
> (C) 名詞「洗面器」
> (D) 名詞「基準、基礎」

+α 覚えておきたい basis

「基礎」という意味です。basis は単数形です。また、daily や monthly を使って、on a daily basis「毎日」、on a monthly basis「月単位で」などの決まり文句になります。

065.

Various innovative telecommunication technologies have been introduced into the workplace -------; however, fax machines are still widely used for business communication.

(A) lately
(B) nowadays
(C) now
(D) recent

『1問10秒』への道

選択肢の意味を日本語で考えてもわからない。
「時間」に関係する語なら、時制もチェックせよ。

065. 正答 (A) lately

STEP 1 選択肢を見よ！

(A) lately、(B) nowadays、(C) now、(D) recent は、すべて「最近」というような意味の修飾語です。文全体を見て、何を修飾しているかがポイントとなる「注意すべき修飾語句」タイプの問題として取り組みましょう。

STEP 2 空欄前後を見よ！

前に have been introduced とあるので、現在完了形(*07)の文です。選択肢の中で、現在完了形とともに使うことができるのは (A) lately だけです。(B) nowadays と (C) now は現在形か現在進行形(*04)でしか使えません。また、(D) recent は形容詞なので、空欄の位置には入りません。

STEP 3 問題文を分解せよ！

<u>Various innovative telecommunication technologies</u>
　　　　　　　　　　　S
<u>have been introduced</u> into the workplace -------; however, fax
　　　V
machines are still widely used for business communication.

空欄の後ろにセミコロンと however があります。ここで文の構成が区切られるので、セミコロン以降は読む必要はありません。

> 訳　最近職場にいろいろな革新的な通信技術が導入されましたが、ファクス機はまだビジネス通信に幅広く使われています。
> (A) 副詞「最近」
> (B) 副詞「近ごろは」
> (C) 副詞「今」
> (D) 形容詞「最近の」

+α introduce の使い方

「紹介する」と言う意味がよく知られていますが、今回の問題のように「(機械、技術など)を導入する」という意味もあります。

066.

The managers ------- the decisions made at the meeting and suggested some changes in the project proposal.

(A) discussed
(B) talked
(C) looked
(D) thought

『1問10秒』への道

自動詞か他動詞かで、選択肢をしぼる。
訳して考えても正解できないぞ！

066. 正答 (A) discussed

STEP 1 選択肢を見よ！

(A) discussed、(B) talked、(C) looked、(D) thought は、すべて動詞の過去形です。文脈に合った意味になるよう選ばなければなりません。「文脈・語彙」タイプの問題です。

STEP 2 空欄前後を見よ！

前は The managers、後ろは the decisions です。空欄には述語動詞が入るので、the decisions は目的語とだとわかります。そのため、他動詞（*1b）で意味の通るものを選びます。「～について話し合った」の (A) discussed が正答です。

STEP 3 問題文を分解せよ！

The managers ------- the decisions made at the meeting and
　　S　　　　　　V　　　　　　　　O

suggested　some changes in the project proposal.
　　V　　　　　　　　　O

and の前も後ろも SVO 型で主語はどちらも The managers です。

> **訳** 部長たちは会議で決まった決定事項について話し合い、事業計画を少し変更するよう提案しました。
>
> (A) 動詞 discuss「～について話し合う」の過去形・過去分詞
> (B) 動詞 talk「話す」の過去形・過去分詞
> (C) 動詞 look「見る、～に見える」の過去形・過去分詞
> (D) 動詞 think「考える、～と思う」の過去形・過去分詞

067.

Hardware requirements of our 3D presentation software vary depending on ------- the presentation is made in a hall, a meeting room, or on a display monitor.

(A) either
(B) if
(C) that
(D) whether

『1問10秒』への道

前に前置詞が来るときの「つなぎ語句」は……？
難しければパス！

067. 正答 (D) whether

STEP1 選択肢を見よ！

(A) either、(B) if、(C) that、(D) whether は、代名詞、関係代名詞、接続詞などの役割がある語です。「つなぎ語句」タイプの問題として取り組みましょう。

STEP2 空欄前後を見よ！

前の vary depending on は、「〜しだいで異なる」という表現です。この「〜」にあたる部分が空欄で、後ろが SV として完成しているので、空欄に入るのはつなぎ語句です。つなぎ語句の役割のない (A) either は誤りです。ここで空欄の後ろの意味をざっと把握しましょう。「A、B または C でプレゼンテーションが行われる」とあるので、「〜かどうか」という意味になる (B) if か (D) whether が入ります。ただし、前置詞につなげる場合は if ではなく whether を使うというルールがあるので、(D) が正答です。

STEP3 問題文を分解せよ！

Hardware requirements of our 3D presentation software vary

depending on ------- the presentation is made in a hall, a meeting
　　　　　　　　　　　　S　　　　　　V

room, or on a display monitor.

depending on 〜 monitor は、主となる文である Hardware requirements 〜 vary 全体を修飾しています。

> **訳** 当社の 3D プレゼンテーションソフトの動作環境は、ホール、会議室、ディスプレイモニターのどれでプレゼンテーションを行うかにより異なります。
> (A) 形容詞「どちらか一方の」、代名詞「いずれか」
> (B) 接続詞「〜かどうか、もし」
> (C) 接続詞「〜ということ」、主格・目的格の関係代名詞、代名詞「あの、あれ」
> (D) 接続詞「〜かどうか」

068. Track 41

A survey found that the salary levels of workers in the construction industry compare ------- with the salaries of those in other occupations.

(A) favor
(B) favorite
(C) favorable
(D) favorably

『1問10秒』への道

空欄前の compare の品詞は何だ？
どんな使い方する？

068. 正答 (D) favorably

STEP 1 選択肢を見よ！

(A) favor、(B) favorite、(C) favorable、(D) favorably は、すべて favor- という共通部分があり、favor とその派生語です。「品詞」タイプの問題として取り組みましょう。

STEP 2 空欄前後を見よ！

前は動詞 compare、後ろは with the salaries です。前置詞の前で構成が区切れるため、構成面から考えた場合、動詞の目的語となる名詞や、動詞を修飾する副詞がつなげられます。文脈から考えると、動詞 compare は自動詞で compare with ～「～に匹敵する」という意味で使われているので、空欄に入るのは副詞の (A) favorably です。

STEP 3 問題文を分解せよ！

A survey found that

the salary levels of workers in the construction industry compare
       S   V

------- with the salaries of those in other occupations.

主となる節は、find が SVO 型の文を構成しており、目的語 (O) が that 節です。that 節の中は SV 型です。

> **訳** 建設業界の作業員の給与レベルは、ほかの職に就いている人たちと比べてもそん色がないことが調査によって明らかになりました。
>
> (A) 名詞「親切な行為、好意」、動詞 favor「～に好意を示す」の原形
> (B) 形容詞「お気に入りの」、名詞「お気に入り」
> (C) 形容詞「有利な、好意的な」
> (D) 副詞「有利に、好意的に」

069. Track 42

できたらチェック 1回目 2回目 3回目

Following the introduction of new government standards, all power equipment in the factory was inspected; -------, no faulty machinery was found.

(A) and
(B) but
(C) so
(D) however

『1問10秒』への道

空欄の前についている：（セミコロン）がカギ！

069. 正答 (D) however

STEP 1 選択肢を見よ！

(A) and、(B) but、(C) so は、文や語句をつなぐ役割をする語です。(D) however は副詞です。「つなぎ語句」タイプではないかと推測できます。

STEP 2 空欄前後を見よ！

空欄前後の句読点、空欄後ろの文の構成に注目しましょう。セミコロン（；）とコンマの間に入れられるのは副詞だけです。正答は (D) however です。セミコロンは、副詞の役割をする文をつなぐときに使うことを覚えておきましょう。

STEP 3 問題文を分解せよ！

Following the introduction of new government standards, all power equipment in the factory was inspected; -------, no faulty machinery was found.
　　　　　　　　　　　　　　　　　　　　　　　　　　　　　　　　S
　　　　　　　　　　　　　　　　　　　　　　　　　　　　　　　V

セミコロンがあれば、そこで文の構成は区切れています。

訳 新しい政府の基準の導入に従い、工場内のすべての電力設備を検査しましたが、問題のある機器は見つかりませんでした。
(A) 接続詞「そして」
(B) 接続詞「しかし」
(C) 接続詞「だから」、副詞「そのように、それほど」
(D) 副詞「しかしながら」

+α 副詞 however の使い方

however と意味の似ている but は接続詞でコンマを使って文と文をつなぐことができます。一方、副詞の however を使う場合はピリオドやセミコロンで文を区切って使います。

○ We checked the copier, but no trouble was found.
× We checked the copier. But no trouble was found.
○ We checked the copier; however, no trouble was found.
○ We checked the copier. However, no trouble was found.
× We checked the copier, however no trouble was found.

172

070.

Dr. Kawatani, a specialist in trade policies, commented that the trade policies of the country had been changed ------- to promote competition in the manufacturing sector.

(A) significantly
(B) vaguely
(C) importantly
(D) haphazardly

『1問10秒』への道

選択肢の語尾はすべて -ly。
ということは、すべて同じ品詞か？

070. 正答 (A) significantly

STEP1 選択肢を見よ！

(A) significantly、(B) vaguely、(C) importantly、(D) haphazardly はすべて副詞です。文脈に合った表現となる語を選ばなければなりません。「文脈・語彙」タイプの問題です。

STEP2 空欄前後を見よ！

これは、全体の意味から考えるしかありません。「競争を促すために通商政策が〜変更された」という文脈なので、変更の程度を修飾する副詞がよいことがわかります。(A) significantly が正答です。

STEP3 問題文を分解せよ！

Dr. Kawatani, a specialist in trade policies, commented that

the trade policies of the country　had been changed　------- to
　　　　　　　S　　　　　　　　　　　　V

promote competition in the manufacturing sector.

主となる節は、comment が SVO 型の文を構成しており、O が that 節です。また、that 節の中は過去完了形（*08）の受動態です。

> 訳　通商政策の専門家である川谷博士は、その国の通商政策は製造業部門での競争を促すために著しく変更されたと述べました。
> (A) 副詞「著しく、意味ありげに」
> (B) 副詞「漠然と、あいまいに」
> (C) 副詞「大事そうに、もったいぶって」
> (D) 副詞「でたらめに、行き当たりばったりに」

+α　significant と important：「重要な」

どちらも「重要な」の意味がありますが、significant は「かなりの」のように程度も表します。important にはそのような使い方はありません。このように、似た意味の単語に異なる使い方があるものは問題のポイントになることがあるので、一緒に覚えておくことが大切です。

071.

NORA Corporation is announcing an ------- for the position of full-time overseas sales director, who will be based in London.

(A) opening
(B) openness
(C) opened
(D) open

『1問10秒』への道

「品詞」タイプの問題。
でも同じ品詞もある。
要注意！

071. 正答 (A) opening

STEP 1 選択肢を見よ！

(A) opening、(B) openness、(C) opened、(D) open は、すべて open- という共通部分があり、open とその派生語です。「品詞」タイプの問題として取り組みます。

STEP 2 空欄前後を見よ！

前は冠詞の an です。後ろは前置詞 for なので、空欄には名詞が入ることがわかりますが、選択肢には (A) opening と (B) openness の 2 つの名詞があります。ここからは「文脈・語彙」タイプの問題。文脈から判断すると、「空席、空き」などポジションが空いているという意味になる名詞 (A) opening が必要です。

STEP 3 問題文を分解せよ！

NORA Corporation is announcing an ------- for the position of
　　　S　　　　　　　V　　　　　O

full-time overseas sales director, who will be based in London.

「an ＋空欄（opening）」が目的語です。for ～ director は目的語である名詞（opening）を修飾しています。

> **訳** NORA 社はロンドン勤務のフルタイムの営業部長職の席が空いていると発表しています。
> (A) 動詞 open「開く、～を開ける」の -ing 形、名詞「空き、空席、開始」、
> 　　形容詞「開始の」
> (B) 名詞「開いていること、開放状態」
> (C) 動詞の過去形・過去分詞
> (D) 形容詞「開いた、空いている」、動詞の原形

072. ● Track 43

The general meeting of shareholders will appoint an audit board, at least one of ------- members must be a certified public accountant.

(A) that
(B) who
(C) whose
(D) whom

『1問10秒』への道

おっ、関係詞の問題か？
one of に惑わされず冷静に！

072. 正答 (C) whose

STEP 1 選択肢を見よ！
(A) that、(B) who、(C) whose、(D) whom は、接続詞、疑問詞、関係代名詞として文や語句をつなぐ役割をします。「つなぎ語句」タイプの問題として取り組みましょう。

STEP 2 空欄前後を見よ！
前は one of、後ろは members（複数形）です。複数形なので (A) that は「あの」という意味ではつながりません。空欄はコンマの後の文の主語の一部になっています。one of につなぐことができ、名詞 members の前につけられるのは、所有格の関係代名詞 (C) whose です。

STEP 3 問題文を分解せよ！

The general meeting of shareholders will appoint an audit board,
（先行詞）

at least one of ------- members must be a certified public accountant.
　　　　　S　　　　　　　　　　　V　　　　　　　　C

空欄に正答を入れると、one of whose members です。whose の先行詞は an audit board「監査役会」なので、one of whose members は「監査役会のメンバーの１人」という意味です。

> 訳　株主総会が監査役会を任命し、そのメンバーの少なくとも１人は公認会計士でなくてはなりません。
> (A) 代名詞「あの、あれ」、接続詞「〜ということ」、主格・目的格の関係代名詞
> (B) 疑問詞「誰が」、主格の関係代名詞
> (C) 疑問詞「誰の」、所有格の関係代名詞
> (D) 疑問詞「誰を」、目的格の関係代名詞

+α 金融系の単語

TOEIC ではあらゆる場面を想定した文が出題されます。general meeting「総会」、shareholder「株主」、audit「監査」、certified public accountant「公認会計士」（CPA と省略されることもあります）など、普段あまり目にしない金融系の単語などにも慣れておくとよいです。

073.

------- have the public relations officers directly addressed the issue of how the company should train its employees in terms of dealing with the press.

(A) Sometimes
(B) Either
(C) Rarely
(D) Please

『1問10秒』への道

空欄は1番前なのに選択肢に名詞がない！
副詞ばかり並んでいるぞ。
ということは、選べるのはただ1つ！

073. 正答 (C) Rarely

STEP 1 選択肢を見よ！

(A) Sometimes、(B) Either、(C) Rarely、(D) Please は、おもに修飾語としての役割がある語です。「文脈・語彙」タイプの問題の可能性もありますが、「注意すべき修飾語句」タイプの問題として、修飾されるものを意識して文中のヒントを探してみましょう。

STEP 2 空欄前後を見よ！

空欄は文頭にあります。その後ろの have the public relations officers directly addressed the issue の構成が重要。主語は the public relations officers です。述語動詞は現在完了形(*07)の have addressed ですが、倒置により、have が主語の前に来ています。選択肢の中でこのような倒置文を作れるものは、(C) Rarely しかありません。

STEP 3 問題文を分解せよ！

------- have the public relations officers directly addressed
   V   S   V

the issue of how the company should train its employees in terms
 O

of dealing with the press.

英文では、rarely「めったに〜ない」のような否定語が文頭に来ると、主語と動詞は倒置されます。倒置となっていますが、文型は SVO 型です。

> **訳** マスコミ対処法について会社がどのように従業員を教育するべきかという問題に、広報担当者たちが直接取り組んだことはほとんどありませんでした。
>
> (A) 副詞「時々」
> (B) 代名詞「どちらか一方」、形容詞「どちらか一方の」、副詞「〜もまた(…ない)」
> (C) 副詞「めったに〜ない」
> (D) 副詞「どうぞ」、動詞「〜を喜ばせる」

+α address のいろいろな使い方

address は「住所、宛先」(名詞) のほかに、動詞もあり、「〜に宛名を書く、〜を呼ぶ、(問題など) に対処する、〜に話しかける」などを意味します。TOEIC ではリスニングセクションにもよく出るので、ぜひ覚えておきましょう。

074.

------ well as providing enjoyment for millions of tourists, whale watching is a significant source of income and employment in this country.

(A) As
(B) So
(C) Very
(D) Not

『1問10秒』への道

「決まり文句」は知っているかどうかが勝負！
知らないなら、さっさと次に進むことも大切。

074. 正答 (A) As

STEP 1 選択肢を見よ！

(A) As、(B) So、(C) Very、(D) Not は、副詞や接続詞などです。「つなぎ語句」タイプの問題の可能性があります。

STEP 2 空欄前後を見よ！

後ろの well as がキーワードです。〈as well as ＋動詞の -ing 形〉の「〜だけでなく…も」という表現を知っていればすぐに解けます。正答は (A) As です。「決まり文句」タイプの問題です。念のために全体の意味を確かめることができれば確実です。

STEP 3 問題文を分解せよ！

------ well as providing enjoyment for millions of tourists,

whale watching　is　a significant source of income and employment
　　S　　　　　　V　　　　　　　　　　C

in this country.

修飾語などが多く長い文ですが、SVC 型の文です。

訳 この国では、ホエールウォッチングは、何百万もの観光客に楽しみを提供するだけでなく、重要な収入および雇用の源です。

(A) as well as -ing で「〜だけでなく…も」
(B) 接続詞「だから」、副詞「そのように」
(C) 副詞「とても」
(D) 副詞「〜でない」

＋α TOEIC 頻出の決まり文句(3)

・as well as -ing「〜だけでなく…も」
　As well as working for a trading company, Tom has written a number of novels.
　　Tom は貿易会社で働いているだけではなく、多くの小説を書きました。
・A as well as B「B だけでなく A も」
　Taro speaks English as well as Japanese.
　　太郎は日本語だけでなく英語も話します。

075. Track 45

てきたらチェック　1回目　2回目　3回目

Dr. Sung, a researcher at a private research institute located in Seoul, received an award for his ------- achievement in fuel battery technology.

(A) freestanding
(B) upstanding
(C) notwithstanding
(D) outstanding

『1問10秒』への道

全部 -ing 形だ。
名詞の前だから形容詞だな。
ということは「文脈・語彙」問題か。

練習問題　レベル2

183

075. 正答 (D) outstanding

STEP 1 選択肢を見よ！

(A) freestanding、(B) upstanding、(C) notwithstanding、(D) outstanding は、すべて -standing という語尾で、何となく紛らわしい語です。文脈に合った表現となる語を選ぶ「文脈・語彙」タイプの問題として取り組みましょう。

STEP 2 空欄前後を見よ！

前は for his、後ろは achievement と名詞になっています。空欄は代名詞と名詞の間なので、形容詞が入ります。形容詞の働きをしない (C) notwithstanding は間違いです。あとは文脈に合うものを選ばなければなりません。ここでは「傑出した」の意味になる (D) outstanding が正答です。

STEP 3 問題文を分解せよ！

Dr. Sung, a researcher at a private research institute located in
S

Seoul, received an award for his ------- achievement in fuel
　　　　V　　　　**O**

battery technology.

主語の後に長い挿入句が入っていますが、シンプルな SVO 型の文です。

訳 ソウルの民間研究機関の研究者である Sung 博士は、燃料電池技術における彼の優れた功績に対し賞を受けました。

(A) 形容詞「独立して立っている」
(B) 形容詞「直立した」
(C) 前置詞「～にもかかわらず」、副詞「それにもかかわらず」
(D) 形容詞「著名な、傑出した、突出した」

+α 覚えておきたい outstanding

群動詞(*1d)の stand out「際立つ、突き出る」と似ています。周りの人や物と比べ、「突き出ている」という意味から「際立つ」というイメージです。outstanding には、「(借金など)未払いの、(問題など)未解決の」の意味もあります。解決したもののゾーンの外側に立っていると考えるとよいかもしれません。

076.

TechArt Unlimited Co. offers a variety of multimedia products, some of ------- incorporate high resolution graphic technology for a fully integrated solution.

(A) that
(B) whose
(C) whom
(D) which

『1問10秒』への道

うっ、関係代名詞だ。
でも、ひるむことはない。
of の後ろにつけられないのはどれだ？

076. 正答 (D) which

STEP 1 選択肢を見よ！

(A) that、(B) whose、(C) whom、(D) which は接続詞や疑問詞でもありますが、すべて関係代名詞としての役割があります。「つなぎ語句」タイプとして取り組みましょう。

STEP 2 空欄前後を見よ！

空欄の前は some of、後ろは incorporate high resolution graphic technology です。後ろの incorporate が動詞とわかれば、some of ------- が主語になると判断できます。関係代名詞 (*23) の問題として先行詞を探すと、コンマの前にある multimedia products が先行詞だとわかります。これは＜人＞ではないので、(C) whom は間違いです。また、空欄の後ろには名詞がないので所有格の (B) whose は入りません。また、(A) that は前置詞の直後に置くことができないので、(D) が正答になります。

STEP 3 問題文を分解せよ！

TechArt Unlimited Co. offers <u>a variety of multimedia products,</u>
　　　　　　　　　　　　　　　　　　（先行詞）

<u>some of -------</u>　<u>incorporate</u>　<u>high resolution graphic technology</u>
　　　S　　　　　　　V　　　　　　　　　　　O

for a fully integrated solution.

コンマの前の文も後ろの文も SVO 型です。some of which で「そのうちのいくつか」の意味になります。先行詞が＜人＞の場合は some of whom を使います。

訳 TechArt Unlimited 社は各種のマルチメディア製品を提供しており、その中のいくつかには、完全な統合ソリューションのための高解像度画像技術が組み込まれています。

(A) 接続詞「～ということ」、主格・目的格の関係代名詞、代名詞「あれ、あの」
(B) 疑問詞「誰の」、所有格の関係代名詞
(C) 疑問詞「誰を」、目的格の関係代名詞
(D) 疑問詞「どちら」、主格・目的格の関係代名詞

077. ⏺ Track 46

できたらチェック 1回目 2回目 3回目

The board of directors may appoint an officer in charge of sales operations, ------- shall work under the direction of the CEO.

(A) that
(B) who
(C) which
(D) what

『1問10秒』への道

直前にコンマがある関係代名詞。
ということは、答えは決まりだ。

077. 正答 (B) who

STEP 1 選択肢を見よ！

(A) that、(B) who、(C) which、(D) what は接続詞や疑問詞でもありますが、関係代名詞として文や語句をつなぐ役割をします。「つなぎ語句」タイプの問題として取り組みましょう。

STEP 2 空欄前後を見よ！

文頭から空欄の前のコンマまでを見ると、The board of directors が主語、may appoint が述語動詞、an officer が目的語で、文の構成要素がそろっています。空欄の後ろの shall work は述語動詞なので、空欄には主語になるものが入ると推測します。選択肢から考えると、主格の関係代名詞(*23)として働く (A) that か (B) who ですね。先行詞は an officer です。ここで直前にコンマがあることを見落とさないことが大切です。コンマの後には関係代名詞 that を置くことができないので、(B) が正答になります。

STEP 3 問題文を分解せよ！

The board of directors may appoint <u>an officer</u> in charge of sales
                                         （先行詞）

operations, ------- shall work under the direction of the CEO.
                S   V

関係代名詞が入る空欄と、先行詞の an officer は隣り合っていませんが、惑わされないように。in charge of sales operations は an officer の修飾語句なので、an officer 〜 sales operations のかたまりが先行詞と考えてもよいです。

訳 役員会は販売業務担当者を任命する場合があり、その人は最高経営責任者の指揮下で働きます。

(A) 接続詞「〜ということ」、主格・目的格の関係代名詞
(B) 疑問詞「誰が」、主格の関係代名詞
(C) 疑問詞「どちら」、主格・目的格の関係代名詞
(D) 疑問詞「何」、先行詞を含む関係代名詞

078.

Kansas Chamber of Commerce ------- business owners with various information on its website that helps them evaluate their current situation and future plans.

(A) gives
(B) makes
(C) provides
(D) offers

『1問10秒』への道

意味から考えると
どの選択肢も当てはまりそうだ。
キーワードになるものはないか？

078. 正答 (C) provides

STEP 1 選択肢を見よ！

(A) gives、(B) makes、(C) provides、(D) offers は、すべて動詞の 3 単現です。「文脈・語彙」タイプの問題の可能性もありますが、解くためのキーワードを探してみましょう。

STEP 2 空欄前後を見よ！

前の Kansas Chamber of Commerce が、空欄に入る動詞の主語になります。後ろは business owners with ～ですが、この＜人＞を表す語句（business owners）と with がキーワード。〈provide ＋人＋ with ～〉の「人に～を提供する」という構文表現を思い出しましょう。正答は (C) provides。この問題は「決まり文句」タイプの問題です。念のために全体の意味を確かめることができれば確実です。

STEP 3 問題文を分解せよ！

Kansas Chamber of Commerce ------- business owners with
　　　　S　　　　　　　　　　　　　V　　　　　O

various information on its website that helps them evaluate their

current situation and future plans.

「Kansas Chamber of Commerce は business owners に various information を提供する」という意味になります。

> 訳　Kansas 商工会議所はウェブサイト上で、事業主に、彼らの現状や将来計画を評価するのに役立つ各種情報を提供しています。
>
> (A) 動詞 give「～を与える」の 3 単現
> (B) 動詞 make「～を作る」の 3 単現
> (C) 動詞 provide「～を提供する」の 3 単現
> (D) 動詞 offer「～を与える、提供する」の 3 単現

＋α with とともに使う動詞

〈charge ＋人＋ with ～〉「人を～（罪・失敗など）のかどで責める、告発する」
〈feed ＋人＋ with ～〉「人・動物に食物を与える」
〈furnish ＋家など＋ with ～〉「家などに（家具など）を入れる」
〈supply ＋人＋ with ～〉「人に（物）を供給する」

079. ⦿ Track 47

できたらチェック　1回目　2回目　3回目

Upon successful completion of the course, all participants will ------- a certificate of participation.

(A) give
(B) gave
(C) given
(D) be given

『1問10秒』への道

前に助動詞が来る動詞の形は何だ？
それと、give の使い方がポイントだ。

079. 正答 (D) be given

STEP 1 選択肢を見よ！

(A) give、(B) gave、(C) given、(D) be given は、動詞 give の変化形です。「動詞の形」タイプの問題です。

STEP 2 空欄前後を見よ！

前は助動詞 will、後ろは a certificate なので、動詞の原形で後ろに目的語をとるものを選びます。ここで、(A) give と (D) be given の２つにしぼれます。ここからは「文脈・語彙」タイプの問題として、文脈に合う方の表現を選ばなければなりません。文頭に Upon successful completion of the course という＜条件＞があるので、all participants が「～を与える」という能動態ではなく、受動態で「～を与えられる」の意味になる (D) が正答です。

STEP 3 問題文を分解せよ！

Upon successful completion of the course, <u>all participants</u>
                                                    S

<u>will -------</u> <u>a certificate of participation.</u>
    V   O

SVOO 型をとる give の受動態 (*12) です。

訳 コースを無事に終了できたら、参加者全員に参加証書が与えられます。
(A) 動詞 give「～を与える」の原形
(B) 動詞 give の過去形
(C) 動詞 give の過去分詞
(D) be ＋動詞 give の過去分詞

＋α 覚えておきたい participant 「参加者」

名詞 participant は、動詞 participate「参加する」の派生語です。動詞 participate は in をつけ、We participated in the talent show.「私たちはその素人演芸会に参加しました」のように使います。派生語を一緒に覚えると記憶率を高めるのに役立ちます。

080.

Some information presented on the top page of the website may need to ------- to make it easier for international members to use the website.

(A) rearrange
(B) rearranged
(C) be rearranged
(D) rearranging

『1問10秒』への道

空欄前の may need to のつながりから2つにしぼれる。
その後は意味の確認を！

080. 正答 (C) be rearranged

STEP 1 選択肢を見よ！

(A) rearrange、(B) rearranged、(C) be rearranged、(D) rearranging は、動詞 rearrange の変化形です。「動詞の形」タイプの問題として取り組みましょう。

STEP 2 空欄前後を見よ！

前の may need to の to は不定詞の to なので、動詞の原形が続きます。ここで (A) rearrange と (C) be rearranged の 2 つにしぼれます。ここからは「文脈・語彙」タイプの問題として、文脈に合う表現になる方を選びます。「rearrange する必要がある」なら (A)、「rearrange される必要がある」なら (C) になりますが、主語が「～にある情報」なので (C) が正答です。

STEP 3 問題文を分解せよ！

Some information presented on the top page of the website
　　　　　　　　　　　　　　S

may need to ------- to make it easier for international members to
　V　　　　O

use the website.

〈to be ＋過去分詞〉は不定詞の受動態(*13)です。

訳 そのウェブサイトのトップページに掲載されている情報のうちいくつかは、外国人会員がもっと使いやすくなるように再構成される必要があるかもしれません。

(A) 動詞 rearrange「～を再配置する、並べ替える」の原形
(B) 動詞 rearrange の過去形・過去分詞
(C) be ＋動詞 rearrange の過去分詞
(D) 動詞 rearrange の -ing 形

081.

The institution claims ------- primary mission is to promote mutual understanding among people all over the world in order to tackle various problems that have to be dealt with globally.

(A) its
(B) hers
(C) themselves
(D) your

『1問10秒』への道

名詞の前だから所有格か。
あとは、受けるものが、単数か複数かだ。

081. 正答 (A) its

STEP 1 選択肢を見よ！

(A) its、(B) hers、(C) themselves、(D) your は、さまざまな格の代名詞や再帰代名詞です。「代名詞」タイプの問題です。

STEP 2 空欄前後を見よ！

空欄の前は The institution claims、後ろは primary mission is 〜で、いずれも主語と述語動詞があります。動詞 claims の直後には、名詞節 (*2d) を導く接続詞 that (*18) が省略されています。that 節内で主語となる primary mission につけられる代名詞は所有格で、さらに the institution を受けることができるのは (A) its です。

STEP 3 問題文を分解せよ！

The institution claims ------- primary mission is
                          S   V

to promote mutual understanding among people all over the world in
                                C

order to tackle various problems that have to be dealt with globally.

The institution claims の後には名詞節を導く接続詞 (*18) の that が省略されています。この that 節は文末まで続く長い節で、claim の目的語になっています。

> **訳** その協会は、そのおもな使命は世界的に対処しなければならない各種の問題に取り組むため、世界中の人々の間に相互理解を促すことであると主張しています。
>
> (A) 代名詞「それの」(所有格)
> (B) 所有代名詞「彼女のもの」
> (C) 再帰代名詞「彼ら自身」
> (D) 代名詞「あなた(たち)の」(所有格)

+α 覚えておきたい deal with 〜

deal は後ろに with (前置詞) を伴い、deal with という形で、「〜に対処する、〜を取り扱う」という意味になります。ほかにも deal には、「(商品を)取引する、(トランプで)カードを配る」などの意味もあります。

082. Track 48

We are going to invite the public to our group show and serve them ------- in the annex.

(A) refreshing
(B) refreshments
(C) refresh
(D) refreshed

『1問10秒』への道

正答は TOEIC にはよく出る常連語彙。
普段はあまり見かけないが、この機に覚えよう！

082. 正答 (B) refreshments

STEP 1 選択肢を見よ！

(A) refreshing、(B) refreshments、(C) refresh、(D) refreshed は、すべて refresh- という共通部分があり、refresh とその派生語などです。「品詞」タイプの問題だと推測できます。

STEP 2 空欄前後を見よ！

空欄の前は serve them、後ろは in the annex です。動詞 serve がとる文型がポイント。後ろの in the annex は補足情報の修飾語句なので文の構成とは関係ありません。serve は「～に…を供する」と言う意味で SVOO 型の文を作ることができるため、名詞の (B) refreshments がよいことがわかります。

STEP 3 問題文を分解せよ！

We are going to invite the public to our group show and
S   V

are going to serve them ------- in the annex.
V   O   O

2つの文が接続詞 and でつながれており、主語はどちらも We です。動詞 serve が構成する文型を知っていると解答時間が短くなります。

訳 私たちはグループ展に一般の方々をお招きし、その方々に別館で軽食をご用意します。

(A) 動詞 refresh「～生き生きさせる」の -ing 形、形容詞「元気づける」
(B) 名詞「元気を回復させるもの、軽食」の複数形
(C) 動詞 refresh の原形
(D) 動詞 refresh の過去形・過去分詞

+α 覚えておきたい refreshments

「軽食」という意味にする場合は refreshments と複数形にします。TOEIC のいろいろなセクションに登場する単語ですので、覚えておくとよいです。

083.

Since the hotel where the annual meeting of ICER is to be held is relatively small and quite popular, ------- are advised to make their hotel reservations as early as possible.

(A) attend
(B) attending
(C) attendance
(D) attendees

『1問10秒』への道

解答するのに関係あるのは
コンマの後の節だけ。

083. 正答 (D) attendees

STEP 1 選択肢を見よ！

(A) attend、(B) attending、(C) attendance、(D) attendees は、attend- という共通部分があり、attend とその派生語などです。「品詞」タイプの問題だと推測できます。

STEP 2 空欄前後を見よ！

文頭から空欄前の quite popular までは SVC 型の文として完成しています。後ろの are advised が後半の節の述語動詞なので、空欄には主語となる名詞が入ります。名詞は (C) attendance と (D) attendees ですが、述語動詞が複数形になっているので、意味を考えなくても (D) が正答だとわかります。

STEP 3 問題文を分解せよ！

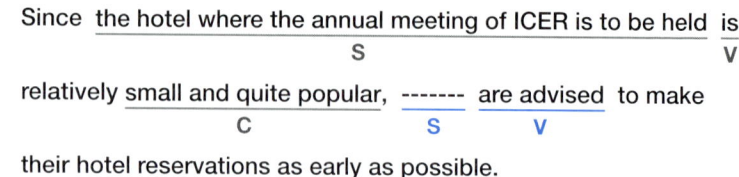

Since <u>the hotel where the annual meeting of ICER is to be held</u> <u>is</u>
          S   V

relatively <u>small and quite popular</u>, <u>-------</u> <u>are advised</u> to make
      C   S   V

their hotel reservations as early as possible.

since 節は＜理由＞を表す副詞節(*30)です。

訳 ICER の年次会議を行う予定のホテルは比較的小さくとても人気があるため、出席者にはできるだけ早く予約することをお勧めします。

(A) 動詞 attend「注意する、〜に出席する」の原形
(B) 動詞 attend の -ing 形
(C) 名詞「出席、（集合的に）出席者(数)」
(D) 名詞「出席者」の複数形

+α attendance：集合体を表す名詞

attendance にも「出席者」の意味がありますが、個々の出席者のことを意味しているわけではなく、a large attendance「多くの出席者」などのように単数扱いで 1 つのまとまりとして用います。audience も集合的に「聴衆」のことを意味するので、attendance と似ていますが、The audience were happy. などと複数扱いにできる点が異なります。

084. Track 49

できたらチェック 1回目 2回目 3回目

The article stated the stock market would remain unstable for a few more months, contrary to ------- most market analysts predicted.

(A) that
(B) what
(C) where
(D) whether

『1問10秒』への道

難しそうな「つなぎ語句」タイプ。
だけど、落ち着いて順序立てて考えれば正答が見える。

練習問題 レベル2

084. 正答 (B) what

STEP 1 選択肢を見よ！
(A) that、(B) what、(C) where、(D) whether は接続詞、関係代名詞、関係副詞などで、文や語句をつなぐ働きをします。「つなぎ語句」タイプとして取り組みましょう。

STEP 2 空欄前後を見よ！
前は contrary to です。後ろは most market analysts predicted で、主語と述語動詞になっています。predict は他動詞ですが目的語がないので、関係代名詞の (A) that か (B) what が入ることがわかります。また前に先行詞となる名詞がないため、先行詞を含む関係代名詞（*20）である (B) を選びます。

STEP 3 問題文を分解せよ！

The article stated the stock market would remain unstable for a few more months, contrary to ------- most market analysts predicted.
　　　　　　　　　　　　　　　　　　　　　　　　　　　　　　O　　　　S　　　　　　　　V

主となる節では state が SVO 型を構成しています。目的語は the stock market で始まる節ですが、これは、名詞節を導く接続詞 that が省略された形です。

> **訳** その記事は、多くの証券アナリストが予想することとは異なり、株式市場はあと数カ月の間は不安定だろうと述べています。
>
> (A) 代名詞「あの、あれ」、接続詞「〜ということ」、主格・目的格の関係代名詞
> (B) 疑問詞「何」、先行詞を含む関係代名詞
> (C) 疑問詞「どこで」、関係副詞
> (D) 接続詞「〜かどうか」

+α contrary to 〜

「〜に反して、〜とは裏腹に」という意味になります。

- Contrary to their five-year downsizing plan, they opened a new shop in the town.

　彼らの５年間の縮小計画に反し、彼らはその町に新しい店をオープンしました。
contrary to があることにより、彼らの今までの計画についても予想がつきます。文の流れを修飾する語句は、知っているだけで前後の流れが読み取りやすくなります。

085. Track 50

できたらチェック 1回目 2回目 3回目

The advertisement said that the price of the Arapaho notebook computer was at ------- fifty dollars less than those of major computer manufacturers.

(A) least
(B) less
(C) few
(D) fewer

『1問10秒』への道

知らなきゃできない「決まり文句」タイプ。
後ろは可算名詞なんて考えても正答できない。

練習問題 レベル2

085. 正答 (A) least

STEP 1 選択肢を見よ！

(A) least、(B) less、(C) few、(D) fewer は、形容詞の比較級や最上級です。「注意すべき修飾語句」あるいは「文脈・語彙」タイプの問題のように見えます。解くためのキーワードがないかどうか見てみましょう。

STEP 2 空欄前後を見よ！

前の at がキーワードです。ここで、at least「少なくとも」という表現を思い出しましょう。念のために全体の意味を確かめることができれば確実です。これは「決まり文句」タイプの問題。正答は (A) least です。

STEP 3 問題文を分解せよ！

The advertisement said that <u>the price of the Arapaho notebook computer</u>
　　　　　　　　　　　　　　　　　　　　　　S

<u>was</u> <u>at</u> ------- fifty dollars less than those of major computer manufacturers.
 V　　　　　　　　　　　　　C

接続詞の that が導く名詞節(*18)が said の目的語です。that 節の中の C は「〜より少なくとも 50 ドル以上安い」という意味になります。

訳 その広告には、Arapaho 社のノート型パソコンの価格は、大手コンピュータメーカーのものより少なくとも 50 ドルは安いと書かれていました。

(A) 形容詞 little「小さい」、副詞 little「少しは」の最上級、at least で「少なくとも」
(B) little の比較級
(C) 形容詞 few「少ない」、副詞 few「少々」
(D) few の比較級

+α TOEIC 頻出の決まり文句(4)

at least は「最小限でも、少なくとも」という意味の熟語です。「何はともあれ」という意味でも使われます。同じ意味で at the very least という表現もあります。

・At least, I took the test.
　何はともあれ、私はその試験を受けました。

086. ⏵Track 50

------- a highly experienced and qualified applicant can lose a job during the interview process; however, you can improve the chance of getting the job by attending this training course.

(A) Only
(B) Once
(C) Never
(D) Even

『1問10秒』への道

まずは文の構成をチェック。
それでも問題タイプが決まらなければ、
「文脈・語彙」タイプに切り替える。

086. 正答 (D) Even

STEP 1 選択肢を見よ！

(A) Only、(B) Once、(C) Never、(D) Even は、おもに修飾語としての役割がある語です。「文脈・語彙」タイプの問題の可能性もありますが、「注意すべき修飾語句」タイプの問題として、修飾されるものを意識して文中のヒントを探してみましょう。

STEP 2 空欄前後を見よ！

文頭なので前はありません。後ろは a highly experienced and qualified applicant can lose a job で、SVO 型の文が完成しています。(C) Never は否定語なので、これが文頭に来る場合は倒置になるはずですが、この文は倒置ではありません。ここからは「文脈・語彙」タイプの問題として、意味が通るものを選びます。正答は (D) です。

STEP 3 問題文を分解せよ！

------- <u>a highly experienced and qualified applicant</u> <u>can lose</u> <u>a job</u>
         S   V   O

during the interview process; however, you can improve the

chance of getting the job by attending this training course.

2 つの文をセミコロンと副詞 however を使ってつないでいます。この問題を解くためには、セミコロンの後ろの文を読む必要はありません。

訳 経験や技能が優れた応募者でも、面接の段階で就職を逃すことがあり得ます。しかしながら、この研修に参加することで、みなさんは職を得る確率を高めることができます。

(A) 副詞「たった～だけ」、形容詞「唯一の」
(B) 副詞「一度」、接続詞「いったん～すると」、名詞「一度」、形容詞「かつての」
(C) 副詞「決して～ない」
(D) 副詞「～でさえ」

087. ◉Track 51

When Melinda Bishop and her fellow workers said that ------- wanted to establish a union, the board members of the company understood the need for it and accepted the plan.

(A) she
(B) her
(C) they
(D) it

『1問10秒』への道

絶対に落とせない「代名詞」タイプ。
空欄に入る代名詞が受けるものを瞬時に探すこと。

087. 正答 (C) they

STEP 1 選択肢を見よ！

(A) she、(B) her、(C) they、(D) it は、さまざまな格の代名詞です。「代名詞」タイプの問題です。

STEP 2 空欄前後を見よ！

空欄の前は said that、後ろは wanted to establish 〜です。空欄には that 節内の主語が入るので、主格の代名詞を選べばよいことがわかります。次に、代名詞が何を受けるのかを確認するため、もっと前を見てみます。そうすると、said の主語である Melinda Bishop and her fellow workers だと判断できるので、3人称複数の主格である (C) they が正答です。

STEP 3 問題文を分解せよ！

When Melinda Bishop and her fellow workers said that -------
                                                                                                 S

wanted to establish a union, the board members of the company
  V   O

understood the need for it and accepted the plan.

文頭の When からコンマまでを見れば解ける問題です。

訳 Melinda Bishop と同僚が組合の設立を望んでいると言うと、会社の役員はその必要性を理解し計画を受け入れました。

(A) 代名詞の主格「彼女は」
(B) 代名詞の所有格「彼女の」、目的格「彼女を、彼女に」
(C) 代名詞の主格「彼らは」
(D) 代名詞の主格「それは」、目的格「それを、それに」

+α fellow worker

fellow は「仲間」という意味があり、アメリカの大統領はよく国民に my fellow Americans「国民のみなさん（私の仲間のアメリカ国民のみなさん）」という呼びかけを使います。fellow worker も「仲間の従業員」という意味から、「同僚」の意味になります。

088.

Research indicates that online shoppers are more likely to shop from a website that looks -------.

(A) profession
(B) professionally
(C) professional
(D) professor

『1問10秒』への道

look は一般動詞だが SVC 型の使い方がある。
文型は知っていると便利。

088. 正答 (C) professional

STEP 1 選択肢を見よ！
(A) profession、(B) professionally、(C) professional、(D) professor には、すべて profess- という共通部分があり、profess の派生語です。「品詞」タイプの問題です。

STEP 2 空欄前後を見よ！
前は that looks です。この that は a website を先行詞とする主格の関係代名詞(*23)です。looks の後には補語として、名詞の (A) profession、(D) professor か、形容詞の (C) professional が入りますが、空欄の前には冠詞(*14) がないので、名詞の (A) と (D) は入りません。「プロらしく見える」と意味も通る (C) が正答です。

STEP 3 問題文を分解せよ！

Research indicates that online shoppers are more likely to shop

from a website that looks -------.
　　　（先行詞）

文中に that が 2 つありますが、1 番目の that は動詞 indicate の目的語となる名詞節を導く接続詞(*18)、2 番目の that は関係代名詞です。that(= a website) looks professional「ウェブサイトがプロらしく見える」という意味になっています。

訳 その調査は、オンラインでの買い物をする人は、プロらしく見えるウェブサイトから買う傾向がより強いということを示しています。

(A) 名詞「職業」
(B) 副詞「職業的に」
(C) 形容詞「職業上の、プロの」、名詞「職業人、プロ」
(D) 名詞「教授」

+α いろいろな働きをする that

代名詞：I used that computer yesterday.
　私は昨日あのコンピュータを使いました。
接続詞：I know that you bought the computer last month.
　私は先月あなたがそのコンピュータを買ったことを知っています。
関係代名詞：I used the computer that you bought last month.
　私はあなたが先月買ったコンピュータを使いました。

089.

できたらチェック 1回目 2回目 3回目

A number of studies ------- to analyze the market trends last year; however, only a few of them predicted the steep rise in energy prices.

(A) performed
(B) were performed
(C) were performing
(D) have been performed

『1問10秒』への道

訳して考えても時間の無駄！
キーワードは時制を決める語句。

089. 正答 (B) were performed

STEP 1 選択肢を見よ！

(A) performed、(B) were performed、(C) were performing、(D) have been performed は、動詞 perform の変化形です。「動詞の形」タイプの問題です。さらに、態（*1e）と時制（*1a）に関する問題だと考えられます。

STEP 2 空欄前後を見よ！

前の A number of studies が主語です。study は perform するものではなく、されるものなので、受動態が適切です。ここで (A) performed、(C) were performing は間違いだとわかります。また、過去のある時点を指定する last year という語句があるので、現在完了形（*07）の (D) have been performed は不適切です。過去形の (B) were performed が正答です。

STEP 3 問題文を分解せよ！

<u>A number of studies</u> ------- to analyze the market trends
   S   V

last year; however, only a few of them predicted the steep rise in

energy prices.

セミコロン（;）で文の構成が区切れています。セミコロン以降は読まなくても解ける問題です。

> **訳** 市場の傾向を分析するために、昨年多くの調査が行われましたが、エネルギー価格の急騰を予想していたものはわずかでした。
> (A) 動詞 perform「〜を行う、実行する」の過去形・過去分詞
> (B) 動詞 perform の過去形の受動態
> (C) 動詞 perform の過去進行形
> (D) 動詞 perform の現在完了形の受動態

090. Track 52

できたらチェック　1回目　2回目　3回目

When Dr. Stone presented the energy saving plan at the board meeting five years ago, none of the executive members considered her plan to be -------.

(A) practice
(B) practicing
(C) practical
(D) practically

『1問10秒』への道

ここに入れられる品詞はどれだ？
コンマ以降の文を分解せよ！

090. 正答 (C) practical

STEP 1 選択肢を見よ！

(A) practice、(B) practicing、(C) practical、(D) practically は、すべて practic- という共通部分があり、practice とその派生語などです。「品詞」タイプの問題として取り組みましょう。

STEP 2 空欄前後を見よ！

コンマで区切れて、その前後に 2 つの節があります。コンマの後ろの節の consider の使い方がポイントです。consider は SVOC 型を構成します。したがって、形容詞の (C) practical が答えであることがわかります。名詞の (A) practice も SVOC 型の C のところに入れられますが、her plan ＝ practice とはならないため間違いです。

STEP 3 問題文を分解せよ！

When Dr. Stone presented the energy saving plan at the board meeting five years ago, <u>none of the executive members</u> (S) <u>considered</u> <u>her plan</u> <u>to be -------</u>.
　　　　　　　　　　　　　　　　　V　　　O　　　C

〈consider ＋ O ＋ to be ＋ C〉で「O を C だと考える」という意味です。「彼女の計画を実用的であると考えた」とすると意味が通ります。

訳 ストーン博士が 5 年前にその省エネ計画を役員会で発表したときは、役員の誰も、彼女の計画が実用的であるとは考えませんでした。

(A) 名詞「練習、実行」、動詞 practice「練習する、〜を実行する」の原形
(B) 動詞 practice の -ing 形
(C) 形容詞「実用的な、現実的な」
(D) 副詞「実際的な方法で、実質的に」

091. ⊙ Track 53

The focus must be on the quality of information gathered by our staff members ------- the quantity of information.

(A) therefore
(B) in case
(C) rather than
(D) unless

『1問10秒』への道

quality と来れば quantity 。
対になるこの２つのつなぎ方にポイントがあるぞ。

091. 正答 (C) rather than

STEP 1 選択肢を見よ！

(A) therefore、(B) in case、(C) rather than、(D) unless は副詞や接続詞などです。そのため、「つなぎ語句」タイプの問題ではないかと推測できます。

STEP 2 空欄前後を見よ！

前に the quality of information、後ろに the quantity of information があります。この形から 2 つを比較しているように推測できます。また、空欄の後ろは句なので、接続詞の (B) in case と (D) unless は入りません。(A) therefore も意味がつながりません。「情報の量というより情報の質」の「というより」という意味となる (C) rather than を選びます。

STEP 3 問題文を分解せよ！

The focus must be on the quality of information gathered by our
   S   V

staff members ------- the quantity of information.

be 動詞が構成する SV 型の文です。

訳 情報の量よりむしろ、当社のスタッフが集めた情報の質を重視すべきです。
(A) 副詞「それゆえに」
(B) 接続詞「もし〜の場合は」
(C)「〜よりはむしろ、かえって」
(D) 接続詞「もし〜でなければ」

+α　quality と quantity の違い

quality と quantity は見た目に似ていますが、それぞれ「質」、「量」と意味が異なります。対比して出てくることも多いので、一緒に覚えておくとよいです。

092.

A farewell gift to Ms. Suzuki was presented by the president on ------- of the university, to commemorate her achievements in medical research.

(A) behalf
(B) below
(C) behind
(D) beverage

『1問10秒』への道

前も後ろも前置詞だから消去法でしぼる。
知らなきゃ、その後は勘だ。

092. 正答 (A) behalf

STEP 1 選択肢を見よ！

(A) behalf、(B) below、(C) behind、(D) beverage は、be- で始まっていますが、品詞も意味もさまざまです。「文脈・語彙」タイプの問題にも見えます。解くためのキーワードを探してみましょう。

STEP 2 空欄前後を見よ！

前は on、後ろは of です。ここで on behalf of ～「～のために、～を代表して」という表現を知っていればすぐに解けます。つまり、この問題は「決まり文句」タイプの問題です。念のために全体の意味を確かめることができれば確実です。正答は (A) behalf です。

STEP 3 問題文を分解せよ！

A farewell gift to Ms. Suzuki was presented by the president on
　　　　　S　　　　　　　　　　V
------- of the university, to commemorate her achievements in

medical research.

難しそうに見える文ですが、on behalf of を知っていれば、空欄前後を見ただけで解けます。全部読む必要はありません。

> 訳　鈴木さんへのお別れのプレゼントが、医学分野の研究における彼女の業績を記念するために、大学を代表して学長から贈呈されました。
>
> (A) 名詞「援助、利益」
> (B) 副詞「下に」、前置詞「～より下に」
> (C) 副詞「後ろに」、前置詞「～の後ろに」
> (D) 名詞「飲み物」

093.

Even ------- the implementation of the expansion plan, Golden Cape Co. was already a major distributor of electronic parts in the southern region.

(A) before
(B) however
(C) though
(D) whether

『1問10秒』への道

選択肢の品詞を明確にする。
そして、空欄後ろの構成をつかむ。

093. 正答 (A) before

STEP 1 選択肢を見よ！

(A) before、(B) however、(C) though、(D) whether は前置詞、接続詞、副詞などです。そのため、「つなぎ語句」タイプの問題ではないかと推測できます。

STEP 2 空欄前後を見よ！

前は Even、後ろは the implementation of the expansion plan です。これは節ではなく句なので、接続詞ではなく前置詞 (A) before が入ることがわかります。before には接続詞と前置詞の両方ありますが、選択肢の中で前置詞の働きがあるのは before だけです。

STEP 3 問題文を分解せよ！

Even ------- the implementation of the expansion plan,

Golden Cape Co. was already
　　　S　　　　　V

a major distributor of electronic parts in the southern region.
　　　　　　　　　　　　　C

空欄があるのは、文頭からコンマまでの修飾語句の部分です。この問題を解くためにコンマ以降の文を読む必要はありません。

> **訳** 拡張計画の実施前から、Golden Cape 社は南部地域においてすでに電子部品の主要な供給業者になっていました。
>
> (A) 前置詞「〜の前に」、接続詞「〜する前に」、副詞「以前に」
> (B) 副詞「しかしながら」
> (C) 接続詞「〜だけれども」
> (D) 接続詞「〜かどうか」

+α 名詞語尾の動詞に注意しよう

implementation「実施」は implement の派生語です。implement は -ment 語尾なので、これも名詞のように見えますが、「実施する」という意味の動詞です。-ment 語尾の語は achievement「成果、業績」のように名詞であることが多いのですが、implement のように動詞もあるので、注意してください。

094. ⏺ Track 54

できたらチェック　1回目 2回目 3回目

The manufacturer of each software product is responsible for distributing required upgrades for -------, including security patches.

(A) him
(B) it
(C) them
(D) their

『1問10秒』への道

前置詞 for の後ろに入る代名詞は？
そして、この代名詞は何を受けるのか？

練習問題 レベル2

094. 正答 (B) it

STEP 1 選択肢を見よ！
(A) him、(B) it、(C) them、(D) their は、さまざまな格の代名詞です。「代名詞」タイプの問題として取り組みましょう。

STEP 2 空欄前後を見よ！
空欄の前は前置詞 for です。後ろはコンマで意味が区切れているので、空欄には for の目的語が入ります。ここで所有格の (D) は間違いだとわかりますね。次に、空欄に入る代名詞が何を受けるかを見極めます。そのためには、文脈からの判断が必要なので、ここからは「文脈・語彙」タイプの問題です。each software product を受ける代名詞が正答なので、単数形の代名詞 (B) it を選びます。

STEP 3 問題文を分解せよ！

<u>The manufacturer of each software product</u> <u>is</u> <u>responsible</u> for
　　　　　　　　S　　　　　　　　　　　　　　V　　　　C

distributing required upgrades for -------, including security

patches.

長い文ですが、構成はシンプルな SVC 型です。

> **訳** 各ソフトウェア製品の製造業者は、セキュリティパッチも含めて、製品に必要なアップグレード版の配布に対し責任を負います。
> (A) 代名詞の目的格「彼を、彼に」
> (B) 代名詞の主格「それは」、目的格「それを、それに」
> (C) 代名詞の目的格「彼らを、彼らに」
> (D) 代名詞の所有格「彼らの」

+α manufacturer「製造業者」

manufacturer「製造業者」は、動詞 manufacture「〜を製造する」からできた名詞です。動詞に＜人＞の意味になる名詞語尾をつけ、事業の種類を表す名詞として使います。ほかにも、distributor「販売業者」、maker「製造業者」などの例があります。

095.

できたらチェック 1回目 2回目 3回目

The chairperson seemed ------- when all the board members agreed to vote on the bill.

(A) pleased
(B) pleasing
(C) pleasure
(D) pleasantly

『1問10秒』への道

「品詞」タイプの問題は頻出。
何度でも解いて解き方に慣れるべし。

練習問題 レベル2

095. 正答 (A) pleased

STEP1 選択肢を見よ！

(A) pleased、(B) pleasing、(C) pleasure、(D) pleasantly は、すべて pleas- という共通部分があり、please の派生語です。「品詞」タイプの問題です。

STEP2 空欄前後を見よ！

空欄の後ろは接続詞 when が導く副詞節(*29)です。前を見ると、主語 The chairperson と述語動詞 seemed があります。seem は SVC 型の使い方のある動詞なので、空欄に入るのは名詞 (C) pleasure か、形容詞の (A) pleased、(B) pleasing です。ここからは、「文脈・語彙」タイプの問題として、意味の合うものを選ばなければなりません。chairperson という人が主語なので、「喜んだ」という意味の (A) が正答です。

STEP3 問題文を分解せよ！

The chairperson　seemed　-------　when all the board members
　　S　　　　　　　V　　　　C

agreed to vote on the bill.

空欄の後ろの when から文末までは＜時＞を表す副詞節(*29)です。この問題を解くためには読む必要のない部分です。

訳 議長はすべての役員がその案について採決することに合意したとき、喜んでいるようでした。

(A) 形容詞「喜んだ、満足した」
(B) 形容詞「楽しい、愉快な」
(C) 名詞「楽しみ」
(D) 副詞「愉快に、楽しく」

+α　pleased と pleasing の違い

please には他動詞として「(人)を楽しませる」という意味があります。その過去分詞 pleased は「(人が)喜んでいる、満足している」という意味、-ing 形の pleasing は「(人に対して)楽しい、愉快な感じを与える」という意味の形容詞です。この問題のように「議長が喜んでいる」という意味にする場合は pleased を使います。よくポイントになるところなので、しっかりと理解しましょう。

096.

As long as you are a registered member of CFLT, you can consult one of our tax specialists for no ------- fee whenever you have any questions.

(A) add
(B) adding
(C) addition
(D) additional

『1問10秒』への道

「品詞」タイプでも、
文脈理解が必要な問題がある。

096. 正答 (D) additional

STEP 1 選択肢を見よ！

(A) add、(B) adding、(C) addition、(D) additional は、すべて add- という共通部分があり、add とその派生語などです。「品詞」タイプの問題ではないかと推測できます。

STEP 2 空欄前後を見よ！

3 つの節がある文です。空欄があるのは 2 番目で、whenever 以降が 3 番目の節です。2 番目の節だけ見ると、空欄を含む for no ------- fee が意味のかたまりです。そのため、fee を修飾する形容詞が答えになります。形容詞として働くのは (B) adding と (D) additional の 2 つなので、ここからは、「文脈・語彙」タイプの問題として、意味の合うものを選びます。「追加料金」の意味になる (D) が正答です。

STEP 3 問題文を分解せよ！

As long as you are a registered member of CFLT, <u>you</u> <u>can consult</u>
　　　　　　　　　　　　　　　　　　　　　　　　　 S　　　　V

<u>one of our tax specialists</u> <u>for no ------- fee</u> whenever you have
　　　　　O　　　　　　　　　　　　　　M

any questions.

答えを選ぶのに必要なのは 2 番目の節だけです。それを素早く見分けられるようになれば、解答時間を短縮できます。

訳 あなたが CFLT の登録会員である限り、質問があるときは、いつでも追加料金なしで当会の税金の専門家の 1 人に相談することができます。

(A) 動詞 add「〜を加える」の原形
(B) 動詞 add の -ing 形
(C) 名詞「付加」
(D) 形容詞「追加された」

+α 覚えておきたい consult

「専門家の意見を求める」という意味に使います。
・consult a lawyer 「弁護士の意見を聞く」
・consult a doctor 「医者に診てもらう」

097.

While the management of ELAK was very happy about the sales results, few market analysts were sure why ELAK products ------- so well.

(A) sell
(B) sold
(C) were sold
(D) to be sold

『1問10秒』への道

まず、時制でしぼろう。
sell の意外な使い方がポイント。

097. 正答 (B) sold

STEP 1 選択肢を見よ！

(A) sell、(B) sold、(C) were sold、(D) to be sold は、動詞 sell の変化形です。「動詞の形」タイプの問題として取り組みましょう。

STEP 2 空欄前後を見よ！

空欄は文の後半にある why が導く節にあります。この節の中では、ELAK products が主語、so well が動詞を修飾する副詞です。空欄には述語動詞になれる形の動詞が必要なので、(D) to be sold は間違いです。ここからは「文脈・語彙」タイプの問題として取り組みます。文全体の流れから、空欄に入る時制は過去形が適切です。また、sell は自動詞で「（よく）売れる」という意味に使われるため、ここでは受動態ではなく能動態の (B) sold が正答です。

STEP 3 問題文を分解せよ！

While the management of ELAK was very happy about the sales results, few market analysts were sure why <u>ELAK products</u> ------- so well.
　　　　　　　　　　　　　　　　　　　　　　　　　　　　　　　　　　　　S　　　　　　V

sell が「（よく）売れる」という意味の自動詞で使われていることがポイントです。

訳 ELAK の経営陣は販売実績にとても満足していましたが、ほとんどの市場アナリストは、なぜ ELAK の商品がそんなによく売れるのかがわかりませんでした。

(A) 動詞 sell「売れる、〜を売る」の原形
(B) 動詞 sell の過去形・過去分詞
(C) 動詞 sell の過去形の受動態
(D) 動詞 sell の不定詞の受動態

+α 他動詞の sell を受動態にしたら

空欄に were sold を入れて their products were sold so well とすると、「彼らの商品はとても上手に売られた」という内容になります。自動詞の sell とは意味が違うので、気をつけましょう。

098. Track 56

できたらチェック 1回目 2回目 3回目

Construction work shall not start on the government property ------- a building permit has been approved.

(A) by
(B) after
(C) therefore
(D) until

『1問10秒』への道

空欄の後ろは句か節かどっちだ？
あとは意味の確認だ。

098. 正答 (D) until

STEP 1 選択肢を見よ！

(A) by、(B) after、(C) therefore、(D) until は、前置詞、接続詞、副詞です。「つなぎ語句」タイプの問題ではないかと考えられます。

STEP 2 空欄前後を見よ！

前は on the government property です。後ろは a building permit has been approved で主語と述語動詞のある節です。したがって接続詞が答えとなります。選択肢の中に接続詞の使い方があるものは (B) after と (D) until です。ここからは「文脈・語彙」タイプの問題として、意味の通る方を入れます。「〜までは」の意味になる (D) が正答です。

STEP 3 問題文を分解せよ！

Construction work shall not start on the government property

------- a building permit has been approved.
　　　　　　S　　　　　　　　　　V

空欄の後ろが、主語と述語動詞のある節であることに、真っ先に気づかなければなりません。

訳　政府の所有地では建設許可が下りるまで建設作業を開始することはできません。
(A) 前置詞「〜までに、によって」
(B) 前置詞「〜の後に」、接続詞「〜した後に」
(C) 副詞「それゆえに」
(D) 前置詞「〜まで」、接続詞「〜するまで」

+α　by と until の違い

・Please come here by noon.
「お昼までにここに来てください。」(期限)
・Please stay here until noon.
「お昼までここにいてください。」(ある時までの継続)
※ by は前置詞の使い方しかありませんが、until は前置詞だけではなく接続詞としても使うことができます。

099. ⏵Track 57

Dr. Sheldon asserted that more money must be put into the market to jump-start the economy while her opponents were against ------- more government bonds.

(A) issue
(B) issued
(C) issuing
(D) being issued

『1問10秒』への道

前置詞につなげられる動詞の形は？
後ろに目的語もついているぞ。

099. 正答 (C) issuing

STEP 1 選択肢を見よ！

(A) issue、(B) issued、(C) issuing、(D) being issued は、動詞 issue の変化形です。「動詞の形」タイプの問題です。

STEP 2 空欄前後を見よ！

前は前置詞 against、後ろは more government bonds です。前置詞の後ろには名詞や名詞の役割をするものが続くので、名詞の意味がある (A) issue か動名詞(*15)の (C) issuing、(D) being issued にしぼれます。また、more government bonds を目的語にとれる形でなくてはならないので、能動態(*1e)である (C) が正答です。

STEP 3 問題文を分解せよ！

Dr. Sheldon asserted that more money must be put into the market to jump-start the economy while <u>her opponents</u> <u>were</u> against
　　　　　　　　　　　　　　　　　　　　　　　　　　　　　　　　S　　　　　　V
------- more government bonds.

※ be against 〜「〜に反対している」

空欄があるのは、while 以降の節です。前の節を読まなくても解くことができます。

> **訳** Sheldon 博士は経済を活性化させるために市場にもっとお金を投入する必要があると力説しましたが、彼女に対立する人たちはこれ以上の国債を発行することに反対でした。
>
> (A) 動詞 issue「〜を発行する」の原形、名詞「問題、(雑誌の)号、発行」
> (B) 動詞 issue の過去形・過去分詞
> (C) 動詞 issue の -ing 形
> (D) 動詞 issue の動名詞の受動態

100.

Mr. Greenberg thought the settlement would be sufficient to prevent the union members ------- ahead with the proposed strikes.

(A) go
(B) from going
(C) to go
(D) going

『1問10秒』への道

一見「動詞の形」タイプ。
でも、それだけでは解けない。
キーワードは prevent。

100. 正答 (B) from going

STEP 1 選択肢を見よ！

(A) go、(B) from going、(C) to go、(D) going は、動詞 go のいろいろな形です。「動詞の形」タイプ問題として取り組みましょう。

STEP 2 空欄前後を見よ！

空欄の前は、動詞 prevent から見ましょう。ここで〈prevent ＋ O ＋ from ＋動詞の -ing 形〉の「O が～するのを妨げる」という表現を知っていれば、(B) from going が答えだと見当がつきます。念のために全体の意味を確かめることができれば確実。この問題は「決まり文句」タイプの問題です。

STEP 3 問題文を分解せよ！

Mr. Greenberg thought <u>the settlement</u> <u>would be</u> <u>sufficient</u> to
                       S   V   C

prevent the union members ------- ahead with the proposed

strikes.

prevent の目的語は the union members です。from going ahead with the proposed strikes にある go ahead with ～は「～を進める、強行する」という意味の決まり文句です。

> **訳** Greenberg さんは、その和解案は労働組合員が提案していたストライキに突入するのを防ぐのに十分だろうと考えていました。
>
> (A) 動詞 go「行く」の原形
> (B) 前置詞「～から」＋動詞 go の -ing 形
> (C) 動詞 go の不定詞
> (D) 動詞 go の -ing 形

+α 〈O ＋ from ＋動詞の -ing 形〉をとる動詞

〈discourage ＋ O ＋ from ＋動詞の -ing 形〉「(人)に～するのをやめさせる」
〈keep ＋ O ＋ from ＋動詞の -ing 形〉「(人・物)に～させないようにする」
〈prohibit ＋ O ＋ from ＋動詞の -ing 形〉「(人)が～するのを禁止する」

101. ⊙ Track 58

The lawyer ------- local restaurant owners of a new law on serving alcohol to underage persons which will go into effect on September 7.

(A) spoke
(B) said
(C) reminded
(D) considered

『1問10秒』への道

動詞は意味だけでなく構文も覚えるべし。

101. 正答 (C) reminded

STEP1 選択肢を見よ！
(A) spoke、(B) said、(C) reminded、(D) considered は、動詞の過去形です。「文脈・語彙」タイプの問題に見えますが、解くためのキーワードを探してみましょう。

STEP2 空欄前後を見よ！
空欄に述語動詞が入るとすると、前の The lawyer が主語、後ろの local restaurant owners が目的語です。さらにその後ろに of ～があるので、〈V + O + of ～〉という使い方をする動詞が答えになります。〈remind + O + of ～〉の「(人)に～を気づかせる」という表現を知っていれば解けるので、これは「決まり文句」タイプの問題です。正答は (C) reminded です。

STEP3 問題文を分解せよ！

The lawyer ------- local restaurant owners of a new law on
    S   V   O

serving alcohol to underage persons which will go into effect on

September 7.

文中の which は a new law を先行詞とする関係代名詞 (*23) です。この問題を解くのに which 以降を読む必要はありません。

> **訳** その弁護士は地元のレストランのオーナーたちに、9月7日から施行される未成年者へのアルコール飲料提供に関する新しい法律について念を押しました。
>
> (A) 動詞 speak「話す、～を話す」の過去形
> (B) 動詞 say「言う、～を言う」の過去形・過去分詞
> (C) 動詞 remind「～に思い出させる」の過去形・過去分詞
> (D) 動詞 consider「考える、～を考える」の過去形・過去分詞

+α 〈O + of ～〉をとる動詞

〈inform + O + of ～〉「(人)に(ニュースなど)を通知する」
〈warn + O + of ～〉「(人)に(危険など)を警告する」

236

102. ●Track 58

できたらチェック　1回目　2回目　3回目

Even with high turnover and ------- rates, the human services industry is still expected to grow steadily over the next decade.

(A) vacancy
(B) availability
(C) convenience
(D) openness

『1問10秒』への道

品詞が同じで、意味も似ている語が並ぶ選択肢。
難問。パスもあり。

102. 正答 (A) vacancy

STEP 1 選択肢を見よ！

(A) vacancy、(B) availability、(C) convenience、(D) openness はすべて名詞です。文脈に合った表現となる語を選ばなければなりません。「文脈・語彙」タイプの問題です。

STEP 2 空欄前後を見よ！

前は high turnover and、後ろは rates です。turnover「離職者数」がわかれば、「（職場における）欠員」といった意味になるものが答えになるとわかります。正答は (A) vacancy です。

STEP 3 問題文を分解せよ！

Even with high turnover and ------- rates,

the human <u>human services industry</u> <u>is still expected</u> to grow steadily
　　　　　　S　　　　　　　　　　　　V

over the next decade.

長い修飾語がついている受動態の文です。

> **訳** たとえ離職者数や欠員の比率が高いとはいえ、福祉業界は次の 10 年間、確実に成長することが見込まれています。
>
> (A) 名詞「空き、欠員」
> (B) 名詞「利用できること、利用できる人・物」
> (C) 名詞「好都合、便利なもの」
> (D) 名詞「寛容さ、開放」

+α 覚えておきたい turn over

turn「回る、〜を回す」と over「一方から他方に、繰り返して」からできている群動詞 (*1d) で、「ひっくり返る、回転する、（ページ）をめくる、売上を上げる」など回転のイメージがあります。また、turnover と名詞にした場合も、「転倒、（商品などの）回転率、離職率、売上高」といった意味になります。

103.

One of the advantages of an online course is that you don't need to go to the classroom if you ------- a computer at home.

(A) have
(B) had
(C) having
(D) are having

『1問10秒』への道

if があるからといって、仮定法だと決めつけない！
have の使い方にも注意！

103. 正答 (A) have

STEP 1 選択肢を見よ！

(A) have、(B) had、(C) having、(D) are having は、動詞 have の変化形です。「動詞の形」タイプの問題です。

STEP 2 空欄前後を見よ！

前は you、後ろは a computer です。you の前に if がありますが、その前にある you don't need to go to the classroom が単に現在考えられる状況について述べているため、仮定法ではありません。そのため、if 節の中は現在形が適切です。また、have は「持っている」という意味で使う場合は進行形 (*1c) にしません。現在形の (A) have が正答です。

STEP 3 問題文を分解せよ！

One of the advantages of an online course is that you don't need

to go to the classroom if you ------- a computer at home.
　　　　　　　　　　　　　　　 S　　　　V　　　　　O

この文の中ほどにある that は接続詞で、「〜ということ」という名詞節 (*18) を導き、この that 節は文全体の補語になっています。

訳　オンラインコースの利点の1つは、家にコンピュータを持っていれば、教室に行く必要がないことです。

(A) 動詞 have「〜を持っている」の現在形
(B) 動詞 have の過去形・過去分詞
(C) 動詞 have の -ing 形
(D) 動詞 have の現在進行形

104.

When the CEO of Lyndon Co. announced a plan to increase domestic production capacity, most investment analysts were ------- of it.

(A) critic
(B) critical
(C) criticized
(D) criticizing

『1問10秒』への道

分詞形の形容詞があったら、
もとの動詞が自動詞か他動詞かも意識すべし。

104. 正答 (B) critical

STEP 1 選択肢を見よ！

(A) critic、(B) critical、(C) criticized、(D) criticizing は、すべて critic- という共通部分があり、criticize の派生語などです。「品詞」タイプの問題と推測できます。

STEP 2 空欄前後を見よ！

前は were なので、単数形の名詞 (A) critic は入りません。ほかの 3 つは be 動詞の後に続けることができます。ただし、過去分詞の (C) criticized を入れて受動態にすると of 以下につながりません。また、criticize は他動詞なので -ing 形の (D) criticizing を入れて過去進行形にすると of が不要です。形容詞の (B) critical が正答です。

STEP 3 問題文を分解せよ！

When the CEO of Lyndon Co. announced a plan to increase

domestic production capacity, most investment analysts were
　　　　　　　　　　　　　　　　　 S　　　　　　　　　　V

------- of it.
　C

be critical of ~は「~に批判的である」という表現です。これを知っていれば「決まり文句」タイプの問題として解けます。

> 訳　Lyndon 社の最高経営責任者が国内の生産力増強計画を発表したとき、ほとんどの証券アナリストはそれに批判的でした。
>
> (A) 名詞「批評家、評論家」
> (B) 形容詞「批判的な」
> (C) 動詞 criticize「~を批判する」の過去形・過去分詞
> (D) 動詞 criticize の -ing 形

+α critical の使い方

critical は、「批判的な」という意味ですが、異なる意味にも使われます。
・critical issue 「重大な(問題)」
・critical point 「臨界点」など

105.

The line manager is in charge of making sure that the whole production line ------- properly.

(A) functional
(B) functionalities
(C) functions
(D) functionally

『1問10秒』への道

that 節内の構成をチェック！
足りない要素は何だ？

105. 正答 (C) functions

STEP 1 選択肢を見よ！

(A) functional、(B) functionalities、(C) functions、(D) functionally は、すべて function- という共通部分があり、function の派生語などです。「品詞」タイプの問題です。

STEP 2 空欄前後を見よ！

中盤の making sure that は「～ということを確かめる、確実に～する」という意味で、that は名詞節を導く接続詞(*18)です。that の後ろには SV があるはずです。空欄の前の the whole production line が主語、後ろの properly は副詞です。述語動詞がないので、動詞の (C) functions が正答です。

STEP 3 問題文を分解せよ！

The line manager is in charge of making sure that

the whole production line ------- properly.
　　　　　　S　　　　　　　　　V

that 節の中は、主語の the whole production line に合わせて動詞 function に 3 単現の -s がつきます。

> **訳** そのライン管理者は、生産ライン全体が正常に機能していることの確認を任されています。
>
> (A) 形容詞「機能的な」
> (B) 名詞 functionality「機能性」の複数形
> (C) 名詞「機能」の複数形、動詞 function「機能する」の 3 単現
> (D) 副詞「機能的に」

+α -tion 語尾でも動詞として使われる

function は -tion 語尾の名詞ですが、動詞としての使い方もあります。このように、-tion 語尾の動詞には caution「～に警告する」、condition「～を条件づける」、mention「～に言及する」などがあります。-s がついている場合、名詞の複数形なのか、3 単現なのか見極めることが重要です。

106.

The company safety representatives carried out a monthly inspection; however, no safety violations were found at ------- of its work sites.

(A) any
(B) some
(C) none
(D) much

『1問10秒』への道

よく読めば解けそうな「語彙・文脈」問題。
本番のテストのときは時間と相談。

106. 正答 (A) any

STEP 1 選択肢を見よ！

(A) any、(B) some、(C) none、(D) much は、数量などにかかわる代名詞や名詞です。「文脈・語彙」タイプの問題とする前に、解くためのキーワードを探してみましょう。

STEP 2 空欄前後を見よ！

空欄の前は、however, の次から見てみましょう。no safety violations が主語、were found が述語動詞の節になっています。主語には、no という否定語がついているため、(B) some、(C) none は入りません。(D) much は可算名詞 site を受けることはできません。否定文で使われる (A) any を選びます。これは no がヒントとなるキーワードになっている「決まり文句」タイプの問題です。

STEP 3 問題文を分解せよ！

The company safety representatives carried out a monthly

inspection; however, <u>no safety violations</u> <u>were found</u> at ------- of
                                              S   V

its work sites.

長い文ですが、「決まり文句」タイプの問題であれば、全部読まなくてもキーワードだけで解けます。

> **訳** 会社の安全担当者たちが月次安全検査を行いましたが、どの作業現場でも安全に関する違反はまったく見つかりませんでした。
> (A) 代名詞「どれか、いくらか、(否定文で)どれも〔誰も〕(〜ない)」
> (B) 代名詞「いくらか、一部の人々」
> (C) 代名詞「どれも〔誰も〕〜ない」
> (D) 名詞「たくさんのもの」

107.

When business owners try too hard to reap a reasonable profit for the time and money -------, they sometimes fall into the trap of only making a monetary profit.

(A) invest
(B) investing
(C) invested
(D) were invested

『1問10秒』への道

「動詞の形」タイプで -ing 形と過去分詞があるときは、
能動態か受動態かにも注意。

107. 正答 (C) invested

STEP 1 選択肢を見よ！

(A) invest、(B) investing、(C) invested、(D) were invested は、動詞 invest の変化形です。「動詞の形」タイプの問題です。

STEP 2 空欄前後を見よ！

前は for the time and money です。後ろはコンマで区切れています。文頭から見てみると、when の節に主語 (business owners) と述語動詞 (try) があるので、空欄には述語動詞となる (A) invest と (D) were invested は入りません。for から空欄までが〈前置詞＋名詞句〉のまとまりと考えられるので、空欄には the time and money を後ろから修飾できる分詞 (*3c) が入ります。「時間とお金」は「投資する」のではなく、「投資される」ので、受け身の意味になる過去分詞 (C) invested が正答です。

STEP 3 問題文を分解せよ！

When <u>business owners</u> <u>try</u> too hard to reap a reasonable profit
　　　　　S　　　　　　　V

<u>for the time and money -------</u>, they sometimes fall into the trap of
　　　　　　　M

only making a monetary profit.

空欄がある節で for the time and money (invested) は修飾語句 (M) です。

訳 事業主が、投資した時間やお金に対しそこそこの利益を上げることに執心しすぎると、彼らは時として、金銭的利益を上げることだけに陥ってしまうことがあります。

(A) 動詞 invest「〜を投資する」の原形
(B) 動詞 invest の -ing 形
(C) 動詞 invest の過去形・過去分詞
(D) 動詞 invest の過去形の受動態

+α 可算・不可算 (*2b) の money

「お金」という意味では money は不可算名詞ですが、「通貨」という意味で使う場合は可算名詞となり moneys という複数形もあります。例えば、various moneys of the world は「世界のさまざまな通貨」という意味です。

108. Track 61

できたらチェック 1回目 2回目 3回目

Ms. Phan is a statistician ------- as a research specialist at a private think tank in Los Angeles.

(A) work
(B) works
(C) worked
(D) working

『1問10秒』への道

空欄に入る語は、前の語句をどう修飾するのか。
文脈からの判断も必要！

108. 正答 (D) working

STEP 1 選択肢を見よ！

(A) work、(B) works、(C) worked、(D) working は、動詞 work の変化形です。「動詞の形」タイプの問題です。

STEP 2 空欄前後を見よ！

前は a statistician、後ろは as a research specialist です。空欄の前には SVC がそろっているので空欄には述語動詞は入りません。よって、a statistician を後ろから修飾する分詞が適切。過去分詞（*3c）である (C) worked と、現在分詞（*3c）である (D) working のうち、as a research specialist にうまくつながる (D) が答えとなります。

STEP 3 問題文を分解せよ！

Ms. Phan is a statistician
　S　　　 V　　　C

------- as a research specialist at a private think tank in Los Angeles.
　　　　　　　　　　　　M

空欄以下は長い修飾語句（M）です。文の構成はシンプルな SVC 型です。

> **訳** Phan さんはロサンゼルスの民間シンクタンクでリサーチの専門家として働いている統計学者です。
> (A) 動詞 work「働く」の原形、名詞「仕事」
> (B) 動詞 work の 3 単現、名詞の複数形
> (C) 動詞 work の過去形・過去分詞
> (D) 動詞 work の -ing 形（現在分詞）

+α 人を表す名詞

statistics は「統計、統計学」などの意味ですが、-ician という語尾がついて statistician となると「統計学者」という人を意味する名詞になります。ほかにも同じ語尾で physician「内科医」も同様です。また、-or[-er] も人を表す語尾で、例として conductor「車掌、指揮者」があります。正確な意味がわからなくても、人だとわかるだけでもヒントになる場合があるので、覚えておくと役立ちます。

109.

Some members of the opposition felt ------- against the proposed bill to relax the labor regulations which make it easier for companies to dismiss their employees.

(A) strong
(B) strongly
(C) strength
(D) strengthen

『1問10秒』への道

構成と意味がポイントのやや難しめの問題。
ポイントが見えないなら、時間をかけずに次の問題へ進もう。

109. 正答 (B) strongly

STEP 1 選択肢を見よ！

(A) strong、(B) strongly、(C) strength、(D) strengthen は、strong とその派生語です。「品詞」タイプの問題として取り組みます。

STEP 2 空欄前後を見よ！

前は felt、後ろは against です。feel には SV 型、SVO 型、SVC 型の使い方があります。まず、動詞の (D) strengthen は入りません。ここからは、「文脈・語彙」タイプの要素も入ります。SVO 型とした場合、空欄には目的語となる名詞 (C) strength が、SVC 型とした場合は形容詞の (A) strong が入りますが、いずれも意味がつながりません。「～に対して強く感じた」の意味になる副詞の (B) strongly が正答です。

STEP 3 問題文を分解せよ！

Some members of the opposition felt ------- against the proposed
           S   V

bill to relax the labor regulations which make it easier for

companies to dismiss their employees.

空欄のある節は SV 型です。この問題を解くには、空欄の後ろの against the proposed bill「法案に対して」に注目します。

訳 野党のメンバーの中には、会社が従業員を解雇しやすくする労働法規の緩和法案が提出されたことに対して強い違和感を抱く者がいました。

(A) 形容詞「強い」
(B) 副詞「強く」
(C) 名詞「強さ」
(D) 動詞 strengthen「強くなる、～を強くする」の原形

+α feel の使い方

SV 型：feel strongly「強く感じる」
SVO 型：feel strength「強さを感じる」
SVC 型：feel strong「（主語が自らのことを）強いと感じる」

252

110.

できたらチェック 1回目 2回目 3回目

Mr. Tanaka had worked for a global investing firm for more than 10 years, giving him a strong financial background, and it is this which makes ------- an expert in international finance.

(A) him
(B) it
(C) them
(D) herself

『1問10秒』への道

代名詞が受けるのは＜人＞か＜物＞か、単数か複数か。
make の目的語だから格は何だ？

110. 正答 (A) him

STEP 1 選択肢を見よ！

(A) him、(B) it、(C) them、(D) herself は、さまざまな格の代名詞や再帰代名詞です。「代名詞」タイプの問題です。

STEP 2 空欄前後を見よ！

空欄のある節は主格の関係代名詞 which が導く節です。この節の述語動詞は makes なので、空欄には make の目的語が入ることがわかります。ここで、make が構成する文型を思い出しましょう。make は SVOC 型で「人を〜にする」という表現ができます。空欄に入るのは Mr. Tanaka を受ける代名詞なので、(A) him が正答です。

STEP 3 問題文を分解せよ！

Mr. Tanaka had worked for a global investing firm for more than 10 years, giving him a strong financial background, and it is this

which makes ------- an expert in international finance.
　S　　V　　　O　　　　　　　C

構成が複雑な文ですが、動詞 make の文型の特徴を理解して分解すると、空欄に何が入るかわかってきます。

訳　田中さんは世界的な投資会社に 10 年以上勤め、強固な財務経歴を身につけ、そして、そのことが彼を国際金融の専門家としています。

(A) 代名詞の目的格「彼を、彼に」
(B) 代名詞の主格「それは」、目的格「それを、それに」
(C) 代名詞の目的格「彼らを、彼らに」
(D) 再帰代名詞「彼女自身」

111.

When a reporter interviewed the national team manager, he spoke ------- about one of the young players who had just joined the team.

(A) exciting
(B) excitingly
(C) excited
(D) excitedly

『1問10秒』への道

動詞 excite の分詞形の形容詞と副詞。
つまり、「品詞」の問題だということ。

111. 正答 (D) excitedly

STEP1 選択肢を見よ！

(A) exciting、(B) excitingly、(C) excited、(D) excitedly は、すべて excit- という共通部分があり、excite の派生語です。「品詞」タイプの問題として取り組みましょう。

STEP2 空欄前後を見よ！

前は動詞の過去形 spoke、後ろは about です。speak about 〜は「〜について話す」という意味の群動詞 (*1d) です。空欄に入るのは副詞しかないので、(B) excitingly と (D) excitedly の 2 つにしぼれます。ここからは「文脈・語彙」タイプの問題として、意味の合う方を選びます。主語が he で人なので「興奮して」の意味の (D) が正答です。

STEP3 問題文を分解せよ！

When a reporter interviewed the national team manager,

he spoke ------- about
 S   V

one of the young players who had just joined the team.
                        O

コンマ以降は群動詞 speak about を他動詞として考え SVO 型の文です。

訳 レポーターがナショナルチームの監督にインタビューしたとき、彼はチームに入ったばかりの若い選手たちのうち 1 人について興奮して話しました。

(A) 形容詞「(人を)興奮させるような」
(B) 副詞「興奮させるように」
(C) 形容詞「興奮している」
(D) 副詞「興奮して」

112.

Wright Trading does not allow third parties to use any of its trademarks ------- a prior written consent from its Intellectual Property Section is obtained.

(A) however
(B) unless
(C) although
(D) without

『1問10秒』への道

「つなぎ語句」タイプと定まれば、
空欄後ろが節か句かをとにかくチェック！

112. 正答 (B) unless

STEP1 選択肢を見よ！

(A) however、(B) unless、(C) although、(D) without は副詞、接続詞、前置詞です。「つなぎ語句」タイプの問題と推測して取り組みましょう。

STEP2 空欄前後を見よ！

前は文頭から third parties までで、SVO 型の文が完成しています。後ろも a prior written consent ～ is obtained で受動態の文が完成しているため、文をつなぐ接続詞が入ります。そのため、副詞の (A) however、前置詞の (D) without は間違い。ここからは文脈で考え、「もし～でなければ」という意味の接続詞の (B) unless を導きだしましょう。

STEP3 問題文を分解せよ！

Wright Trading does not allow third parties to use any of its
　　　　S　　　　　　V　　　　　　O

trademarks ------- a prior written consent from its Intellectual

Property Section is obtained.

〈allow ＋人・物＋ to ～〉は「人・物が～するのを許す」という意味です。

> **訳** Wright Trading 社は、事前に社の知的財産部から書面による許可が下りない限り、第三者に対しては、社のいかなる商標も使用を許可しません。
> (A) 副詞「しかしながら」
> (B) 接続詞「もし～でなければ」
> (C) 接続詞「～だけれども」
> (D) 前置詞「～なしで」

+α prior written consent「事前の書面による合意」

契約書などでよく目にする語句です。prior to ～は「～より前に」の意味となり、これもビジネス場面では頻出語句です。また、consent には「同意する」という意味の動詞もあります。

113. ⏺ Track 64

できたらチェック　1回目　2回目　3回目

------- in 1961, Betterway has become one of the largest charity organizations in the United States dedicated to improving the quality of life of elderly people.

(A) Establish
(B) Established
(C) Establishing
(D) To establish

『1問10秒』への道

分詞構文なので、後ろの節の主語を確認。
そして、「分詞」といえば「態」！

113. 正答 (B) Established

STEP 1 選択肢を見よ！

(A) Establish、(B) Established、(C) Establishing、(D) To establish は、動詞 establish の変化形です。「動詞の形」タイプの問題です。

STEP 2 空欄前後を見よ！

空欄は文頭にあります。後ろの in 1961 はコンマにより区切れ、コンマの後には SVC がそろっています。establish は他動詞 (*1b) ですが、in 1961 は establish の目的語ではないので、(A) Establish と (D) To establish は入りません。形から分詞構文 (*28) であることが推測できます。分詞構文の主語は後ろの節と同じ Betterway なので、「設立された」という受け身の意味になる過去分詞 (*3c) の (B) Established が答えとなります。

STEP 3 問題文を分解せよ！

------- in 1961,　Betterway　has become
  M   S   V

one of the largest charity organizations in the United States
          C

dedicated to improving the quality of life of elderly people.

become が構成する SVC 型の文です。空欄からコンマの前までは副詞句 (*4c) です。

訳 1961 年に設立され、Betterway は高齢者の生活の質の向上のために専念する米国最大のチャリティ団体の 1 つとなりました。

(A) 動詞 establish「〜を設立する」の原形
(B) 動詞 establish の過去形・過去分詞
(C) 動詞 establish の -ing 形
(D) 動詞 establish の不定詞

114.

We are sorry to announce that the Internet connection service is ------- out of order, and it is not known when the service will be restored.

(A) hardly
(B) recently
(C) pleasantly
(D) currently

『1問10秒』への道

時制と＜時＞を表す副詞のセットを覚えておくとすぐ解ける。

114. 正答 (D) currently

STEP 1 選択肢を見よ！

(A) hardly、(B) recently、(C) pleasantly、(D) currently は、すべて副詞です。「文脈・語彙」タイプの問題でもありますが、似た意味の語もあるので、修飾されるものの特徴に注目する「注意すべき修飾語句」タイプの問題として取り組みましょう。

STEP 2 空欄前後を見よ！

前の the Internet connection service is から、この文の時制は現在形（*01）だとわかります。また、文脈から現在の状態について述べていることがわかるので、現在形とともに使える「現在は」の意味になる (D) currently が正答です。(B) recently も「最近は」と言う意味の副詞ですが、原則的に、現在形の動詞と一緒には使いません。

STEP 3 問題文を分解せよ！

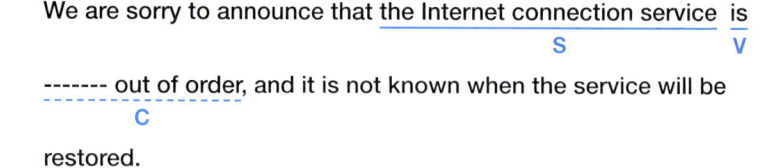

We are sorry to announce that <u>the Internet connection service</u> <u>is</u>
　　　　　　　　　　　　　　　　　　　　S　　　　　　　　　　　　V

------- <u>out of order</u>, and it is not known when the service will be
　　　　　　C

restored.

解答するのに読まなければならないのは、ほんの一部です。この文では、announce の目的語となる that 節の中だけです。

訳 申し訳ありませんが、インターネット接続サービスはただ今故障しており、また、いつサービスが復旧するか不明です。

(A) 副詞「ほとんど〜ない」
(B) 副詞「最近は」（現在完了形や過去形の文に使う）
(C) 副詞「楽しく」
(D) 副詞「現在は」

+α 覚えておきたい out of order

「故障して」の意味で、自動販売機などの機械が故障しているときに Out of order と書いて張ってあるのを見かけます。ほかにも、「順序が狂って」という意味もあります。out of を in に変え in order とすると、「正常な状態で、順序が整って」という反対の意味になります。

115. ⦿ Track 65

All papers must be submitted via the following webpage in one of the designated electronic formats ------- February 15, 2011.

(A) because of
(B) in case that
(C) no later than
(D) by the time

『1問10秒』への道

「つなぎ語句」は前後を確認して何と何をつなぐのか確認。
いらないものを消去したら文意で答えを選ぶ。

115. 正答 (C) no later than

STEP 1 選択肢を見よ！

(A) because of、(B) in case that、(C) no later than、(D) by the time は前後をつなぐ語句です。「つなぎ語句」タイプの問題として取り組みましょう。

STEP 2 空欄前後を見よ！

前は one of the designated electronic formats、後ろは February 15, 2011 です。後ろは具体的な日付なので、その前につけられそうな語句を探すと (C) no later than と (D) by the time があります。by the time の後には節が来るので、(D) は間違いです。(C) が正答です。念のために文脈を確認できれば、より安心ですね。

STEP 3 問題文を分解せよ！

All papers　must be submitted　via the following webpage in one of
　　S　　　　　　V

the designated electronic formats ------- February 15, 2011.

文意を確認するためでも、文をすべて読む必要はありません。この場合は、主語と述語動詞の部分「すべての論文は提出されなければなりません」だけで解けます。

> **訳** すべての論文は 2011 年 2 月 15 日までに、以下のウェブページを通じて指定された電子フォーマットの様式の 1 つで提出されなければなりません。
>
> (A) 前置詞「〜のため」
> (B) 接続詞「もし〜の場合は」
> (C) 前置詞「〜までに、〜より遅れることなく」
> (D) 接続詞「〜するときまで」

+α designated「指定された」

・Smoking is allowed in designated areas only.
　喫煙は指定する場所でのみ許可されています。
空港などでよく聞かれますね。あらゆる場面で使われる単語です。

264

116.

All communications services in this building will be ------- disconnected due to maintenance on September 6, 2011.

(A) temporal
(B) temporary
(C) temporarily
(D) temporality

『1問10秒』への道

空欄前後から判断し、文の構成をチェックすれば、
あっという間に正答できるのが「品詞」タイプ。

116. 正答 (C) temporarily

STEP1 選択肢を見よ！

(A) temporal、(B) temporary、(C) temporarily、(D) temporality は、すべて tempora- という共通部分があり、temporary とその派生語です。「品詞」タイプの問題です。

STEP2 空欄前後を見よ！

前は述語動詞の will be で、後ろの過去分詞 disconnected が補語となっています。文の構成要素がそろっていますし、be 動詞と過去分詞に挟まれているので、副詞しか入れることはできません。(C) temporarily が答えになります。

STEP3 問題文を分解せよ！

All communications services in this building　will be　-------
　　　　　　　S　　　　　　　　　　　　　　　V

disconnected due to maintenance on September 6, 2011.
　　C

disconnected は他動詞 disconnect「～を切断する」の過去分詞の形の形容詞で、「切断された」という意味です。

> **訳** この建物内のすべての通信サービスは、2011 年 9 月 6 日に保守を行うため、一時的に切断されます。
>
> (A) 形容詞「時の、一時の」
> (B) 形容詞「一時の」、名詞「臨時雇いの人、パートタイマー」
> (C) 副詞「一時的に」
> (D) 名詞「一時的なこと」

+α 可算・不可算名詞(*2b)の communication

communication は「(情報などの) やりとり、伝達」などの意味がよく知られていますが、複数形にすると「通信手段」の意味もあります。また、「情報のやりとり」などの意味の場合は不可算名詞です。このように同じ名詞でも可算名詞と不可算名詞の使い方があり、意味が異なる場合もあります。

117.

According to ------- has been reported by a local newspaper, Greco Petroleum plans to withdraw from the oil drilling project.

(A) despite
(B) that
(C) what
(D) whether

『1問10秒』への道

According to につなげられるのは何だ？
関係代名詞っぽいのに先行詞がないことに注目！

117. 正答 (C) what

STEP1 選択肢を見よ！

(A) despite、(B) that、(C) what、(D) whether は前置詞、接続詞、関係代名詞などで、文や語句をつなぐ働きをします。「つなぎ語句」タイプの問題と推測できます。

STEP2 空欄前後を見よ！

前は According to です。後ろは has been reported ですが主語がありません。選択肢の中で主語になることができるのは、先行詞を含む関係代名詞 (*20) の (C) what だけです。前置詞も接続詞も入れることはできません。

STEP3 問題文を分解せよ！

According to ------- has been reported by a local newspaper,
     S   V

Greco Petroleum plans to withdraw from the oil drilling project.

According to の後は受動態、コンマ以降の節は SVO 型です。コンマ以降は見なくても解ける問題です。

> **訳** ある地方紙の報道によると、Greco Petroleum 社はその石油掘削プロジェクトから撤退するもようです。
>
> (A) 前置詞「～にもかかわらず」
> (B) 接続詞「～ということ」、主格・目的格の関係代名詞
> (C) 疑問詞「何」、先行詞を含む関係代名詞
> (D) 接続詞「～かどうか」

+α 覚えておきたい withdraw

「退く、～を撤退させる」などの意味の動詞ですが、「銀行の預金を引っ込める」という意味から、「(お金) を引き出す」という意味で使います。また、派生語の名詞 withdrawal「取り消し、撤回、(預金の) 引き出し」もよく使われます。

118.

できたらチェック　1回目　2回目　3回目

Havana Medical Education Center has trained more than 15,000 medical professionals and ------- another five professional associations which are also involved in medical education.

(A) find
(B) found
(C) founded
(D) founding

『1問10秒』への道

似た単語は混乱しないように一緒に覚えておこう。

118. 正答 (C)founded

STEP 1 選択肢を見よ！

(A) find、(B) found、(C) founded、(D) founding は、動詞 find と動詞 found の変化形が並んでいます。まず、「動詞の形」タイプの問題として取り組みましょう。(B) found は find の過去形・過去分詞であるだけでなく、found という規則動詞の原形であることも知っておかなければ混乱するかもしれません。

STEP 2 空欄前後を見よ！

空欄の前は接続詞の and です。and の前後は並列の関係になることを念頭において、空欄の後ろをチェックします。後ろは another five professional associations で、空欄に入る動詞の目的語になります。主語の Havana Medical Education Center は 3 人称なので原形の動詞は入れられません。過去形の動詞と考えられる選択肢は found と founded の 2 つありますが、「設立する」の意味の (C) founded が正答です。

STEP 3 問題文を分解せよ！

<u>Havana Medical Education Center</u> has trained more than 15,000
          S

medical professionals and ------- another five professional
                              V

<u>associations which are also involved in medical education.</u>
                              O

1 つの主語に SVO 型の動詞 (has) train と found が接続詞 and によって並列につなげられています。

訳　Havana Medical Education Center は 15,000 人以上の医療専門家に教育を施し、さらに医療教育に従事する5つの専門職協会を設立しました。

(A) 動詞 find「〜を見つける」の原形
(B) 動詞 find の過去形・過去分詞、動詞 found「〜を設立する、創立する」の原形
(C) 動詞 found の過去形・過去分詞
(D) 動詞 found の -ing 形（動名詞）

119.

Workers in the construction area are ------- warned to use the safety harness when they work on platforms six feet and above.

(A) cheerful
(B) cheerfully
(C) constant
(D) constantly

『1問10秒』への道

前は be 動詞、後ろは過去分詞。
その間に入るのは？

119. 正答 (D) constantly

STEP 1 選択肢を見よ!

(A) cheerful、(B) cheerfully は名詞および動詞 cheer の派生語の形容詞と副詞です。(C) constant、(D) constantly は、形容詞 constant と、副詞語尾 -ly がついたものです。まずは、「品詞」タイプの問題としてアプローチしましょう。

STEP 2 空欄前後を見よ!

前は be 動詞の are、後ろは動詞 warn の過去分詞 warned で、受動態になっています。be 動詞と過去分詞の間には副詞しか入りません。ここで (B) cheerfully と (D) constantly の 2 つにしぼれますが、ここからは、「文脈・語彙」タイプの問題としてに意味が合う語を選ばなければなりません。正答は (D) です。

STEP 3 問題文を分解せよ!

<u>Workers in the construction area</u>　<u>are ------- warned</u>　to use the
　　　　　　　S　　　　　　　　　　　　　　V

safety harness when they work on platforms six feet and above.

be warned to ~ で「~するよう警告される」という意味です。空欄に入る副詞は文の要素ではありません。

訳 その建設現場の作業員たちは、6 フィート以上の高さの台の上で作業する場合は、安全帯を使用するよう常に警告されています。

(A) 形容詞「陽気な」
(B) 副詞「陽気に」
(C) 形容詞「絶えず続く、一定の」
(D) 副詞「絶えず、いつも」

+α 覚えておきたい〈warn +人+ to ~〉

「人に~するように警告する」の意味です。to の前に not をつけると「~しないように警告する」の意味です。問題のように、人を主語とした受動態にすると、be warned to ~ となります。また、〈warn +人+ against ~〉「人が~しないよう警告する」という形もあります。

・The doctor warned him against staying up late.
　その医者は彼に夜更かししないよう警告しました。

120.

Dr. Smith has been ------- himself to the education of doctors, nurses and other medical professionals and the development of better treatment.

(A) dedicating
(B) considering
(C) regarding
(D) assisting

『1問10秒』への道

「文脈・語彙」タイプの問題はわからなければ、パス！
でも、oneself to ～ につなげられる動詞を知っていればすぐ解ける。

120. 正答 (A) dedicating

STEP 1 選択肢を見よ！

(A) dedicating、(B) considering、(C) regarding、(D) assisting は、すべて動詞の -ing 形です。文脈に合った意味のものを選ばなければなりません。「文脈・語彙」タイプの問題の可能性もありますが、解くためのキーワードがないかどうか見てみましょう。

STEP 2 空欄前後を見よ！

前は has been、後ろは himself to 〜となっています。to の後は名詞句なので、この to は前置詞です。そして、キーワードは himself to です。〈動詞＋目的語＋ to ＋名詞〉という構成になる動詞がないか選択肢を見てみます。dedicate oneself to 〜「〜に専念する、打ち込む」という意味になる (A) dedicating が正答です。

STEP 3 問題文を分解せよ！

Dr. Smith has been ------- himself to the education of doctors,
    S   V   O

nurses and other medical professionals and the development of

better treatment.

※ dedicate oneself to 〜「〜に専念する、打ち込む」

dedicate が SVO 型を構成しています。

> **訳** Smith 博士は医師、看護師、その他の医療専門家の教育とよりよい治療法の開発に身をささげてきました。
> (A) 動詞 dedicate「〜をささげる」の -ing 形
> (B) 動詞 consider「〜をよく考える、〜を…だとみなす」の -ing 形、前置詞「〜を考えると」、接続詞「〜であることを考えれば」
> (C) 動詞 regard「〜を…とみなす」の -ing 形、前置詞「〜に関して」
> (D) 動詞 assist「助ける、〜を助ける」の -ing 形

『1問10秒』のために

英文法INDEX

「頻出問題タイプ」や「練習問題」の
解説文中に登場する文法事項についてまとめました。
英文の構成要素の役割ごとにまとめています。

1 動詞
2 名詞と名詞の働きをするもの
3 形容詞と形容詞の働きをするもの
4 副詞と副詞の働きをするもの

1. 動詞

動詞は文の構成の中心。述語動詞を構成する単語の1つで、どの文型になるかは動詞によって決まる。

1a. 時制

動詞の表す動作などの時間的な関係を表す動詞の形。

01. 現在形

現在繰り返し行っている習慣や現在の状態を表す。

＜動詞の形＞

1人称、2人称、3人称の複数形が主語の場合は動詞の原形が現在形。3人称単数の場合は動詞の末尾に -s[es] をつける(3単現の s)。

- Alex watches TV every night.
  Alex は毎晩テレビを見ます。(習慣)
- Lindsey wants to become a teacher.
  Lindsey は先生になりたいと思っています。(状態)

02. 過去形

過去の動作や状態、過去の習慣などについて表す。

＜動詞の形＞

規則動詞は後ろに -ed をつける。不規則変化をする動詞もある。

- I went to the zoo yesterday.
  私は昨日、動物園に行きました。(動作)
- The shop was closed last week.
  そのお店は先週はお休みでした。(状態)
- Arian studied at the library everyday when she was young.
  Arian は若いころ、毎日図書館で勉強していました。(習慣)

03. 未来形

助動詞や現在進行形(*04)などを使い、未来についてのことを表す。

will：単純に未来のことを表すほか、話し手の意図を込めた表現。

- Rosa will be twenty-eight years old tomorrow.
  Rosa は明日で 28 歳になります。(単純未来)
- We will make it.
  私たちはそれを達成します。(決意)

be going to：前から決めている予定、現状から予測がつくことを表す。

- We are going to stay in London for one week.
  私たちはロンドンに1週間滞在します。(予定)

- I think they are going to run out of money soon.
  彼らはすぐにお金を使い果たすでしょう。（主観的判断）

04. 現在進行形
現在行われていること、また、確定している未来の予定を表す。

＜動詞の形：is[am/are] ＋動詞の -ing 形＞

- Jenny is talking on the phone right now.
  Jenny は電話で話しているところです。（進行中）
- We are leaving for Tokyo tomorrow.
  私たちは明日、東京に向けて出発します。（予定）

05. 過去進行形
過去のある時点において進行していた動作を表す。「過去のある時点」について述べる語句などが必要。

＜動詞の形：was[were] ＋動詞の -ing 形＞

- I was cooking when you called me last night.
  あなたが昨晩電話をくれたとき、私は料理をしていました。

06. 未来進行形
おもに未来のある時点に進行中である動作を表す。

＜動詞の形：will be ＋動詞の -ing 形＞

- I will be sitting on an airplane at this time tomorrow.
  明日の今頃、私は飛行機で座っているでしょう。

07. 現在完了形
広い意味で現在完了形は現在の状態を表す。完了（動作が現在完了している）、結果（その動作の結果の現在の状況）、経験（現在までの経験）、継続（動作が現在も続いている）を表す。

＜動詞の形：have[has] ＋過去分詞＞

- I have just finished the report.
  私はちょうどレポートを仕上げました。（完了）
- Dr. Kim has already arrived here.
  Kim 博士はもうここに到着しています（だから現在、ここにいます）。（結果）
- I have played poker with Ms. Keynes before.
  私は以前、Keynes さんとポーカーをしたことがあります。（経験）
- Mr. Tomborello has lived in Seattle for more than ten years.
  Tomborello さんはシアトルに 10 年以上住んでいます。（継続）

08. 過去完了形・未来完了形

完了形の基準となる時点を過去や未来に移したもの。例えば、過去のある時点までの経験、未来のある時点までの完了など。

＜動詞の形＞
　過去完了形：had ＋過去分詞、未来完了形：will have ＋過去分詞

09. 現在完了進行形

過去から現在まで継続している、少し前まで行っていた動作を表す。

＜動詞の形：have[has] ＋ been ＋動詞の -ing 形＞

- I have been reading a book.
  私は今まで本を読んでいました。

10. 過去完了進行形・未来完了進行形

完了進行形の基準となる時点を過去や未来に移したもの。

＜動詞の形＞
　過去完了進行形：had ＋ been ＋過去分詞
　未来完了進行形：will ＋ have ＋ been ＋過去分詞

1b. 自動詞と他動詞

自動詞は、目的語をとらないので、動詞のすぐ後に名詞や名詞の働きをするものを続けることはできない。他動詞は目的語をとるので、動詞のすぐ後に名詞や名詞の働きをするものを続けることができる（p.12 参照）。

11. 間違いやすい他動詞

- We discussed ~~about~~ the matter.
  私たちはその件について話し合いました。　※ about は不要
- She attended ~~at~~ the meeting.
  彼女はその会議に出席しました。　※ at は不要
- We considered ~~about~~ the matter carefully.
  私たちはその件について注意深く考えました。　※ about は不要
- I contacted ~~with~~ him.
  私は彼に連絡をとりました。　※ with は不要

1c. 状態動詞

現在形で使うと現在の状態を表す。基本的に進行形にしない。代表的な例は be 動詞。分詞や動名詞の -ing 形で使うことはできる。（have：現在形で「〜を持っている」という状態を表す。進行形にしない）

- Gail has an electric car.
  Gail は電気自動車を持っています。

1d. 群動詞（句動詞）

動詞に前置詞や副詞が加わってできる動詞の熟語のこと。構成要素となる動詞や前置詞、副詞のイメージがあると、ある程度意味を想像できる。

go on
＜動詞：行く、進む＞＋＜副詞：続けて＞＝「～が続く」

- **What is going on?**
  何が起こっているのですか。

get across
＜動詞：～を(across)の状態にする＞＋＜副詞：向こう側に＞＝「～を理解させる」

- **I couldn't get my plan across to the board members.**
  私は役員たちに私の計画を理解させることはできませんでした。

1e. 能動態と受動態

能動態：I wrote the report.「私はそのレポートを書きました」のように動作を行う主体が主語となる表現。

受動態：The report was written (by me).「そのレポートは（私によって）書かれました」のようにもともとの動作の対象が主語となる表現。能動態のときに目的語があるものしか受動態にすることはできない。

　　　　＜動詞の形：be動詞＋過去分詞＞

12. 受動態と文型

SVO型の受動態

能動態：They founded the organization in 1963.
　　　　彼らはその組織を1963年に設立しました。

受動態：The organization was founded (by them) in 1963.
　　　　その組織は（彼らによって）1963年に設立されました。

SVOO型の受動態

能動態：They gave me the computer.
　　　　彼らは私にコンピュータをくれました。

受動態：I was given the computer (by them).
　　　　私は（彼らによって）そのコンピュータを与えられました。

受動態：The computer was given to me (by them).
　　　　そのコンピュータは（彼らによって）私に与えられました。

SVOC型の受動態

能動態：The test results made him aware of a problem.
　　　　その試験結果は彼に問題について気づかせました。

受動態：He was made aware of a problem by the test results.
　　　　彼はテスト結果によって問題について気づかされました。

能動態：We consider Jim (to be) an excellent accountant.
　　　　私たちは Jim のことを優れた会計士と考えています。
受動態：Jim is considered (to be) an excellent accountant (by us).
　　　　Jim は（私たちによって）優れた会計士と考えられています。
　　　　　※ an excellent accountant を主語に受動態の文を作ることはできない。

13. 受動態の句

不定詞

・The house is ready to be painted.

　その家はペンキを塗る準備ができています。

動名詞

・I came here without being seen by anyone.

　誰にも見られずにここに来ました。

1f. 助動詞

動詞の前につけ、意味を加える。助動詞の後ろに続く動詞の形は原形。
will（未来）、can（可能）、may（許可）、must（必要）、should（義務）など。

2. 名詞と名詞の働きをするもの

文の中で、主語や目的語、補語などになる。人や物事の名前を表したり、「〜すること」「〜する人」といった表現で名詞の働きをする。

2a. 代表的な名詞語尾

語尾	例
-ance	importance「重要性」、abundance「豊富」
-ence	absence「欠席」、residence「住宅、居住地」
-ency	tendency「傾向」
-dom	wisdom「知恵」
-ity	ability「能力」
-sion／-tion	decision「決定」、construction「建設」
-ment	development「発展」、equipment「設備」
-ness	kindness「親切」、tenderness「優しさ」

2b. 可算名詞と不可算名詞

可算名詞：1つ、2つと数えられるもの。1区切りになっているもの。
不可算名詞：どこからどこが1つという区切りのないもの(物質名詞)。抽象的な概念(抽象名詞)。一部の集合名詞。1つ、2つと数えることができない。

可算名詞	dog「犬」、cat「猫」、computer「コンピュータ」、house「家」、tree「木」、person「人」、lesson「授業」、meeting「会議」、project「プロジェクト」など
不可算名詞	wood「材木」、water「水」、coffee「コーヒー」、music「音楽」、philosophy「哲学」、furniture「家具」、attendance「出席者」

14. 冠詞の有無

可算名詞は単数形で無冠詞にすることができない。不定冠詞 a[an] か定冠詞 the もしくは所有代名詞や指示代名詞が必要。

2c. 名詞句

いくつかの語が集まって名詞の働きをするもの。主語と述語動詞はない。

15. 動名詞句(動詞の -ing 形＋語句)

主語や目的語、補語などになる。-ing 形の動詞の目的語、補語、補足情報なども伴う。前置詞の後ろにつなげることができる。

・He likes playing golf with his boss.
　　彼は上司とゴルフをするのが好きです。　※ 動名詞句が目的語

・Looking professional is an important part of your career.
　　プロ意識があるように見えることは、あなたのキャリアの重要な要素です。
　　※ 動名詞句が主語

16. 不定詞句(to ＋動詞の原形＋語句)

主語や目的語などになる。目的語、補語、補足情報なども伴う。ただし、動名詞と違って、前置詞の後ろにつなげることはできない。

・I want to be an accountant.
　　私は会計士になりたいです。　※ 不定詞句が目的語

・It is costly to live in a big city.
　　大都市に住むことはお金がかかります。　※ 不定詞句が主語(itは形式上の主語)

17. 疑問詞＋不定詞

主語、目的語、補語として働く。前置詞につなげることもできる。

- I don't know how to operate the equipment.

    私はその機器の操作方法を知りません。　※ 疑問詞＋不定詞が目的語

- No one could answer the question of what to do next.

    誰も次に何をすべきかという疑問に答えることができませんでした。
    ※ 疑問詞＋不定詞が前置詞 of の目的語

2d. 名詞節

名詞の働きをする節。句と異なり、節は主語と述語動詞により構成される。節内の動詞には目的語、補語、補足情報などをつけることができる。

18. 接続詞に導かれる名詞節

that、if、whether などが導く名詞節では、文の構成要素がそろっている。

- I think (that) he will be here soon.

    彼はすぐここに来ると思います。　※ 接続詞 that は省略可能

- Whether or not the product is cheap is not the issue.

    その商品が安いかどうかは問題ではありません。

- She asked me if I wanted to join the research project.

    彼女は私にその研究プロジェクトに加わりたいかどうか尋ねました。

19. 疑問詞に導かれる名詞節

疑問詞で始まる節では、疑問文としての構成要素がそろっている。

- I don't know what time the shop closes.

    私は何時にそのお店が閉まるのか知りません。

- He told me where his office was.

    彼は彼の事務所がどこか教えてくれました。

- I don't know how I can get there on time.

    どのようにすればそこに時間通り着くのかわかりません。

20. 関係代名詞の what が導く名詞節

先行詞を含むので what の前に先行詞はない。また、節の中では文の構成要素はそろっていない。

- I cannot believe what they said.

    = I cannot believe the thing which they said.（*3e）

    彼らが言ったことは信じられません。

3. 形容詞と形容詞の働きをするもの

名詞を修飾したり、補語になる。

3a. 代表的な形容詞語尾

-able/-ible	capable「能力がある」、compatible「うまくやって行ける」
-al	essential「欠くことのできない」
-ate	considerate「思いやりのある」
-ant	brilliant「きらきら輝く」
-ent	fluent「流暢な」
-some	handsome「顔立ちが美しい」

3b. 動詞の分詞形から派生した形容詞

語尾が -ed 形／-ing 形の形容詞は動詞から派生したもの。

excite：他動詞「(人)を興奮させる」

excited「興奮している」

- He is excited.

 彼は興奮しています。　※主語は＜人＞

exciting「(人を)興奮させるような」

- The music is exciting.

 その音楽は興奮させるようなものです。　※ 主語は＜物・こと＞

その他の例

interested「興味がある」／ interesting「おもしろい」
bored「退屈した」／ boring「退屈させる」
surprised「驚いた」／ surprising「驚くべき」

3c. 動詞の過去分詞と現在分詞

形容詞としてではなく、分詞形の動詞が名詞を修飾する。

過去分詞：修飾する名詞が動作の対象

- I bought a used computer.

 私は中古のコンピュータを買いました。

現在分詞：修飾する名詞が行う動作

- I know that man selling Turkish coffee at the fair.

 私はフェアでトルココーヒーを売っているあの男性を知っています。

英文法 INDEX

283

3d. 形容詞句

〈前置詞＋名詞〉や不定詞は形容詞の働きをする句となる。

21. 前置詞＋名詞

・There are ancient words of wisdom.
　これらが昔の名言です。
・The car is in good condition.
　この車は調子がよいです。

22. 不定詞句

・Can I have something to drink?
　何か飲むものをくれますか。
・He wants to study English abroad.
　彼は海外で英語をしたいと思っています。

3e. 形容詞節

形容詞の働きをする節。句と異なり、節は主語と述語動詞により構成される。節内の動詞には目的語、補語、補足情報などをつけることができる。

23. 関係代名詞節

先行詞となる名詞を修飾。節の中で文の構成要素はそろっていない。

・I read a book that Dr. White wrote twenty years ago.

　私は White 博士が 20 年前に書いた本を読みました。
　※ 目的格の関係代名詞節が、先行詞となる名詞を修飾

・I met a market analyst whose specialty is emerging equity markets.

　私は新興株式市場が専門の市場アナリストに会いました。
　※ 所有格の関係代名詞節が、先行詞となる名詞を修飾

24. 関係副詞節

先行詞となる名詞を修飾。節の中で文の構成要素がそろっている。

・This is the factory where our engineers developed the model.

　ここが当社の技術者がそのモデルを開発した工場です。
　※ 関係副詞節が、先行詞となる名詞を修飾

4. 副詞と副詞の働きをするもの

動詞、形容詞、他の副詞、句や節、文全体を修飾する。また、＜時＞＜場所＞＜原因＞＜理由＞＜目的＞＜条件＞といった補足情報を表す。

4a. 代表的な副詞語尾

基本的に、形容詞に -ly をつけると副詞になる。
careful ＋ -ly ＝ carefully「注意深く」、active ＋ -ly ＝ actively「活発に」　など

25. -ly 語尾でない副詞

late、hard、overtime、abroad、overseas などのように、形容詞と副詞が同じ形となるものもある。

4b. 副詞の用法

・The investigator carefully studied the room.
　その調査官は注意深くその部屋を調べました。　※ 動詞を修飾

・This cellular phone is unbelievably expensive.
　この携帯電話は信じられないほど高いです。　※ 形容詞を修飾

・The editor worked very hard.
　その編集者はとても一生懸命働きました。　※ 副詞を修飾

・The restaurant is busy especially during lunch hours.
　そのレストランは特に昼食の時間帯に込んでいます。　※ 句を修飾

・People don't consider you a good lawyer, just because you passed the bar exam.
　司法試験に受かったからといって、人々はあなたのことを優秀な弁護士とは思ってくれません。　※ 節を修飾

・It will probably rain this afternoon.
　今日の午後はおそらく雨でしょう。　※ 文全体を修飾

4c. 副詞句

〈前置詞＋名詞句〉、不定詞、分詞構文なども副詞の働きをする句となる。

26. 前置詞＋名詞

- We use diamonds for cutting glass.
  私たちはガラスを切断するのにダイヤモンドを使っています。
- Most of the employees are comfortable working in a multicultural environment.
  多くの従業員は多文化の環境で働くことに違和感を感じていません。

27. 不定詞

- To be honest, I have never used this type of printer.
  正直に言うと、私は今までにこのようなタイプのプリンタを使ったことはありません。
- I went to the airport to see Ms. Robinson off.
  私は空港にRobinsonさんを送りに行きました。

28. 分詞構文

- Given such a chance, you should make the most of it.
  そのようなチャンスを得たのだから、それを最大限に活かすべきです。
- Having lived in Japan for more than ten years, John speaks Japanese fluently.
  日本に10年以上住んでいるので、ジョンは日本語が流暢です。

4d. 副詞節

接続詞に導かれる節が＜時＞＜場所＞＜原因＞＜理由＞＜目的＞＜条件＞などを表す。節は主語と述語動詞により構成される。

29. ＜時＞＜場所＞を表す副詞節を導く接続詞

時　：when、while、as、after/before、until/till、since、as soon as
場所：where

- I lived in New York when I was a student.
  私は学生のころ、ニューヨークに住んでいました。　＜時＞
- Put the books back where they were.
  もとあったところに、本を戻してください。　＜場所＞

286

30. ＜原因＞＜理由＞を表す副詞節を導く接続詞

because、since、as、now that など。

- She moved to Roppongi because her office is located there.

  彼女は六本木に引っ越しました。というのは、彼女の事務所がそこにあるからです。　＜原因＞

- Now that my husband's promotion exam is over, we have time for travelling.

  夫の昇進試験が終わったので、旅行する時間ができました。　＜理由＞

31. ＜目的＞＜条件＞を表す副詞節を導く接続詞

目的：that、in order that、so that など
条件：if、unless、in case、as long as など

- We installed the solar power system on the roof so that we can save energy.

  私たちはエネルギーを節約できるように、太陽光発電システムを屋根に取りつけました。　＜目的＞

- If the red light turns on, you should stop the machine.

  赤いライトが点灯したら、機械を止めなくてはなりません。　＜条件＞

著者紹介
土谷 望（つちや のぞむ）

デンバー大学卒業。芸術・コミュニケーション（学士）、教育学（修士）専攻。企業研修の英語講師・英語ライター・翻訳家。英語指導歴18年。英検1級、TOEIC985点。指導実績はTOEIC、英検、ライティング、Eメール、速読など多岐にわたる。また、カリキュラム制作に携わったDVD教材『誰でもわかる TOEIC®TEST 英文法編』(A-flat)は、iPhone向けアプリとしてリニューアルされた。著書に『ゼロからはじめるTOEIC®テストの押さえドコ』（テイエス企画）、『はじめての英文Eメール』（リント社）、執筆協力として『TOEIC Test攻略ドリル』（知的生き方文庫 三笠出版）がある。

編集：株式会社メディアビーコン
カバーデザイン：日敷佳代
英文校正：Gaby Benthien
CD作成協力：財団法人 英語教育協議会
DTP・本文デザイン：
朝日メディアインターナショナル株式会社

TOEIC®テスト英文法1問10秒

発行：2011年3月30日　第1版第1刷

著者：土谷望
発行者：山内哲夫
企画・編集：トフルゼミナール英語教育研究所
発行所：テイエス企画株式会社
　　　　東京都新宿区高田馬場1-30-5　千寿ビル6F
　　　　電話 (03)3207-7581（代）
　　　　E-mail：books@tsnet.co.jp
　　　　URL：http://www.tofl.jp/books
印刷・製本：図書印刷株式会社

ISBN978-4-88784-119-2 C0082
©2011 Nozomu Tsuchiya Printed in Japan
乱丁・落丁は弊社にてお取り替えいたします。